Die Wissenschaft der Gedankenführ
Band 1
Grundlagen

von Felix Brocker

„**Die Nautilus** wächst mit einer konstanten Rate und so bildet ihre Schale eine logarithmische Spirale, um dieses Wachstum aufzunehmen, ohne dabei die Form zu verändern. Eine Lebensader verbindet ihre Kammern, sodass die vorherigen Kammern zurückgelassen, aber nie vergessen werden. Sie schafft ständig neue breitere Kammern in perfekter Proportionalität. Trotz der tiefgreifenden Veränderungen um sie herum gedeiht sie weiterhin. Sie erinnert uns daran, dass das Wachstum Teil der Schöpfung des Universums ist. Die Nautilus ist ein Symbol für eine strenge wissenschaftliche Forschung und die Interdisziplinarität der Wissenschaften."

gedankenführung.info

Bibliografische Informationen

Die Wissenschaft der Gedankenführung
Band I
Grundlagen
von Felix Brocker

ISBN-13: 978-1499181944
ISBN-10: 1499181949

2. Auflage 2016

© 2012-2016 Verlag Felix Brocker
Nelsenstr.17e, 41748 Viersen
info@science-of-mindleading.com

gedankenführung.info
facebook.com/gedankenfuehrung
twitter.com/FelixBrocker

Die Deutsche Nationalbibliothek verzeichnet diese Publikation in der Deutschen Nationalbibliografie. Detaillierte bibliografische Informationen sind im Internet unter http://dnb.d-nb.de abrufbar.

Dieses Buch ist auch als Ebook und als Hörbuch erhältlich.

Rechtliche Hinweise:
Dieses Werk ist in allen seinen Teilen urheberrechtlich geschützt. Eine Verwertung außerhalb der engen Grenzen des Urheberrechtsgesetzes ist ohne vorherige Zustimmung des Urhebers unzulässig und kann strafrechtlich verfolgt werden. Dies gilt insbesondere für Vervielfältigungen, Übersetzungen, Verfilmungen und Bearbeitungen. Die in diesem Buch verwendeten Bilder hingegen sind, mit Ausnahme des Titelbildes, lizenzfrei. Sie stammen von der Freien Enzyklopädie Wikipedia und ihrer Schwesterseite Wikimedia.Veröffentlicht mit Create Space Indipendent Publishing.

Die Wissenschaft der Gedankenführung

Band I

Grundlagen

Inhaltsverzeichnis

Kapitel: Die Wissenschaft der Gedankenführung .... **S. 7**

Kapitel: Geschichte .... **S. 11**
   Das amerikanische „New Thought Movement" .... S. 13
   Die deutsche Neugeistbewegung .... S. 16

Kapitel: Philosophie .... **S. 17**
   Die Philosophie des Ralph Waldo Emerson .... S. 19
   Der Monismus .... S. 20

Kapitel: Religion .... **S. 21**
   Religiöse Wunder .... S. 23
   Kasteiung und vollkommene Aufopferung .... S. 25
   „Opium für das Volk" .... S. 27
   Religiöser Extremismus .... S. 30
   Wer ist Gott? .... S. 32

V. Kapitel: Psychologie und Neurologie .... **S. 35**

1. Die Wahrnehmung der Wirklichkeit .... S. 39
2. Die Verarbeitung eines Traumas .... S. 42
3. Was sind Gedanken? .... S. 47
4. Die Macht des Unterbewusstseins .... S. 50
5. Die Welt der Inselbegabten .... S. 57
6. Die Gefühle .... S. 63
7. Die Intuition .... S. 70
8. Selbstbeherrschung und Motivation .... S. 74
9. Vom Denken zum Handeln .... S. 77

VI. Kapitel: Medizin .... **S. 85**

1. Psychisch bedingte körperliche Leiden .... S. 87
2. Der Placeboeffekt .... S. 90

VII. Kapitel: Naturwissenschaften .... **S. 93**

1. Physik .... S. 95
2. Biologie und Genetik .... S. 97

VIII. Kapitel: Zusammenfassung der Grundlagen .... **S. 100**

IX. Kapitel: Zitate .... **S. 107**

Die Wissenschaft der Gedankenführung

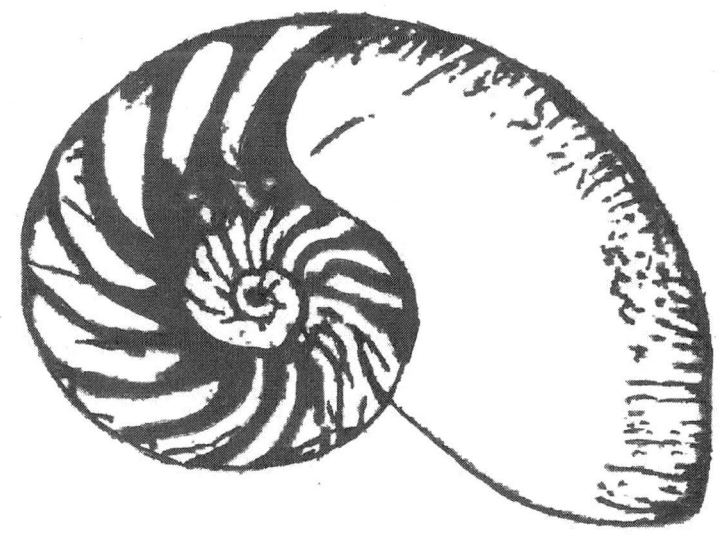

Kapitel 1

Die Wissenschaft der Gedankenführung

Die Frage danach, ob es eine „Wissenschaft der Gedankenführung" geben mag, kann zweifelsohne mit einem Ja beantwortet werden. In diesem Zusammenhang meint der Begriff der Gedankenführung jedoch nicht die systematische Entwicklung von Gedanken mit dem Zweck der Erklärung komplexer Zusammenhänge, sondern gemeint ist die Fähigkeit eines Menschen, seine eigenen Gedanken auf eine bestimmte Art und Weise zu führen.

Die herausragende Bedeutung und die dringende Notwendigkeit einer Wissenschaft der Gedankenführung ergibt sich bereits aus ihrer Ausgangsfrage, die da lautet:

Was treibt die erfolgreichen und glücklichen Menschen dazu an, immer wieder aufs Neue Höchstleistungen zu vollbringen?

Genauer kann auch gefragt werden: Warum hat der eine Mensch Erfolg im Leben, während der andere in allem, was er auch immer tut, versagt? Warum ist der eine Mensch stets kerngesund, während der andere von einer Krankheit nach der anderen heimgesucht wird? Warum ist der eine Mensch steinreich und der andere bleibt trotz harter Arbeit sein ganzes Leben lang arm? Diese Liste der Fragen ließe sich noch endlos weiter fortführen.

Auf alle diese entscheidenden Fragen soll die Wissenschaft der Gedankenführung fundierte Antworten finden und so dem Einzelnen, der vielleicht erfolglos und unglücklich ist, aufzeigen, wie er, indem er die Fähigkeit erlernt, seine eigenen Gedanken richtig zu führen, zu einem erfolgreichen und glücklichen Menschen werden kann. Die wesentliche und unglaublich wertvolle Erkenntnis der Wissenschaft der Gedankenführung ist die folgende:

Die Wissenschaft der Gedankenführung
Band 1 Grundlagen

Nur derjenige, der in der Lage ist, seine eigenen Gedanken richtig zu führen, handelt in jeder Situation in der vernünftigsten und somit auch stets in der effektivsten Art und Weise. Derjenige hingegen, der nicht in der Lage ist, seine Gedanken zu führen, sondern dessen Gedanken ihn führen, handelt unkontrolliert und zumeist unvernünftig und ineffektiv.

Dies bedeutet, dass die Gedanken, die eine Person zu führen in der Lage ist, diese zu schier unglaublichen Höchstleistungen antreiben können. Hingegen treten die ungeführten Gedanken einer Person mitunter in brutalster Form in Erscheinung und richten innerhalb der Gesellschaft immense Schäden an. Die Ergebnisse einer Wissenschaft der Gedankenführung sind somit von unschätzbarem Wert sowohl für den Einzelnen als auch für die Allgemeinheit.

Die Wissenschaft der Gedankenführung soll zum einen die Frage klären, wie der Mensch seine Gedanken am besten und vorteilhaftesten führt und zum anderen soll sie die Grenzen der Möglichkeiten geführter Gedanken ausloten, soweit es diese überhaupt gibt.

Die Herausarbeitung der Grundlagen der Gedankenführung erfolgt mit Hilfe eines Querschnitts durch die bereits etablierten und anerkannten Wissenschaften. Dieser Querschnitt durch sämtliche Wissenschaften macht die Arbeitsweise und die hohe Interdisziplinarität einer Wissenschaft der Gedankenführung bereits sehr deutlich. Sie wertet die Erkenntnisse aller anerkannten Wissenschaften aus und vernetzt diese miteinander. Mithin ist die Wissenschaft der Gedankenführung keine Wissenschaft im klassischen Sinne, da sie selbst keine Forschung betreibt.

Sie lässt sich jedoch deshalb als Wissenschaft bezeichnen, weil sie sich den Ergebnissen einer strengen wissenschaftlichen Forschung bedient, um diese in einen neuen Zusammenhang zu setzten. Und so lässt sich trotz der Untergliederung der Kapitel dieses Buches nach jeweils eigenständigen Wissenschaften stets ein Zusammenhang mit mindestens einer weiteren wissenschaftlichen Disziplin herstellen.

Wir beginnen mit einem Blick auf die Geschichte und klären zunächst die Frage, ob sich bereits in der Vergangenheit Menschen mit der Frage nach einer Gedankenführung auseinandergesetzt haben und wenn ja, zu welchen Ergebnissen sie gekommen sind. Sodann betrachten wir die Gedankenführung sowohl philosophisch als auch religiös, um grundlegende Fragen insbesondere in Bezug auf die Macht des Glaubens und der Gedanken zu klären. Nach Klärung der grundlegenden „Glaubensfragen" folgen die weiteren anerkannten Wissenschaften. Besonderes Augenmerk gilt dabei der Psychologie und der Neurologie.

Dieses Buch nähert sich der Gedankenführung als eine Wissenschaft nicht in einer streng wissenschaftlichen Arbeitsweise. So finden sich Quellenangaben nicht in Fußnoten, sondern innerhalb des Textes.

Nachdem Sie nun wissen, was die Wissenschaft der Gedankenführung überhaupt ist und welches Ziel sie verfolgt, führen wir das Studium ihrer Grundlagen mit einem durchaus vielversprechenden Blick auf die Geschichte fort.

Geschichte

Kapitel 2

Geschichte

Die erste Frage, die sich einem nahezu aufdrängt, ist die, ob sich bereits in der Vergangenheit Menschen mit dem Thema der Gedankenführung beschäftigt haben.

Dank des Internets und der Seite wikiquote.org stoßen wir recht schnell auf eine große Vielfalt an Zitaten von großen und bedeutenden Persönlichkeiten der Geschichte. Diese Zitate lassen sich wie ein Puzzlespiel, bestehend aus vielen einzelnen Teilen, zu einem großen Ganzen zusammensetzten.

So sagte etwa der Neugeistler J.W. Teal: „Es ist das gewohnheitsmäßige Denken, das sich selbst in unser Leben wühlt. Es beeinflusst uns sogar mehr als unsere vertrauten sozialen Beziehungen. Unsere vertrauenswürdigen Freunde haben nicht so viel mit der Gestaltung unseres Lebens zu tun, wie die Gedanken, die wir beherbergen." Wie sehr uns unsere gewohnheitsmäßigen Gedanken tatsächlich beeinflussen zeigt wiederum das folgende Zitat Buddhas:

„Alles, was wir sind, ist das Ergebnis dessen, was wir zuvor gedacht haben."

Es lassen sich nicht nur vereinzelte Zitate finden, sondern es findet sich eine ganze Bewegung, die sich im weitesten Sinne mit dem Thema der Gedankenführung auseinandergesetzt hat. Von ganz besonderem Interesse ist das amerikanische „New Thought Movement", die sogenannte Neugeistbewegung.

Die Wissenschaft der Gedankenführung
Band 1 Grundlagen

1. Das amerikanische „New Thought Movement"

Diese Bewegung entstand in der zweiten Hälfte des 19. Jahrhunderts in den Vereinigten Staaten vom Amerika aus der Lehre des Heilers und Schriftstellers Phineas Parkhurst Quimby und der Transzendentalen Philosophie von Ralph Waldo Emerson.

Quimby vertrat eine Auffassung, die stark christlich geprägt war. So bezog er sich stets auf den Geist Gottes, der nichts außer Güte und Harmonie verlangt. Alle Übel im Leben der Menschen seien ausschließlich die Folgen negativer Gedanken. So wird die Neugeistbewegung, die in ihrem Ursprung christlicher Natur ist, als eine spirituelle und teilweise auch als religiöse Gruppierung eingeordnet.

Das Flaggschiff des amerikanischen „New Thought Movement" war die Zeitschrift „The Nautilus – Magazin of New Thought", die von 1898 bis 1953 von der Schriftstellerin Elizabeth Towne und ihrem Ehemann William Towne herausgegeben wurde.

Die Nautilus ist ein urzeitliches Meerestier, das bereits in den Tiefen der Meere lebte, als die Erde noch aus einem einzigen großen Kontinent bestand. Die Nautilus wächst mit einer konstanten Rate und ihre Schale bildet dabei eine logarithmische Spirale. So kann sie dieses konstante Wachstum aufnehmen, ohne dabei die ursprüngliche Form zu verändern. Eine Lebensader verbindet ihre Kammern, sodass die vorherigen Kammern zurückgelassen, aber nie vergessen werden. Sie schafft ständig neue breitere Kammern in perfekter Proportionalität. Und trotz der tiefgreifenden Veränderungen um sie herum gedeiht sie weiterhin. Sie erinnert uns daran, dass das Wachstum Teil der Schöpfung des Universums ist. In ihr spiegeln sich sinnbildlich die Motive des amerikanischen „New Thought Movement".

In nahezu jeder Ausgabe des Nautilus-Magazins wurde ein Artikel des neugeistlichen Buchautors Wallace Delois Wattles veröffentlicht.

Sein bekanntestes Werk „Die Wissenschaft des Reichwerdens" erschien 1910 im Elizabeth Towne Verlag.

Wattles wurde im Jahre 1860 kurz vor dem Ausbruch des amerikanischen Bürgerkrieges als Sohn eines Gärtners und einer Hausfrau geboren. Und so schlug sich auch Wattles wie sein Vater zunächst als Landarbeiter mehr schlecht als recht durchs Leben. Zu dieser Zeit war sein Leben geprägt von Niederlagen, Verlusten, Armut und Fehlschlägen. Es haperte an allem. Und in seinem Leben deutete lange Zeit nichts darauf hin, dass er einmal großen Reichtum erlangen sollte.

In der Weihnachtszeit 1896 besuchte Wattles im Alter von 36 Jahren eine Tagung, auf der er mit einer Art Christlichem Sozialismus konfrontiert wurde. Die dort aufgeworfenen Theorien mussten großen Einfluss auf ihn ausgeübt haben. Er beschäftigte sich von nun an auf eine grundlegende Art und Weise damit, wie er sich und seine Familie aus der Armut heraus hin zum Wohlstand führen könnte. Als er glaubte, den Schlüssel zu einem erfolgreichen und glücklichen Leben gefunden zu haben, begann er in nahezu jeder freien Minute zu schreiben. Rasch entwickelte sich Wattles zu einem der bedeutendsten Schriftsteller des amerikanischen New Thought Movement. Er praktizierte seine eigenen Theorien mit Erfolg, und er wurde zu einer erfolgreichen, wohlhabenden und starken Persönlichkeit voller Energie.

Die Sonderausgaben der Wissenschaft der Gedankenführung beinhalten seine drei bedeutendsten Bücher und stellen eine Ergänzung zu diesem Kapitel dar. Wattles Bücher sind rein pragmatisch. Das bedeutet, dass sie ihrem Leser aufzeigen, wie er seine Gedanken führen sollte, indem dieser bestimmte Aussagen zunächst als wahr anerkennt und zu seiner festen Überzeugung macht, ohne diese auch nur ansatzweise zu hinterfragen. Der Leser muss laut Wattles folgende Aussagen als absolut wahr anerkennen, um seine Gedanken auf die richtige Art und Weise führen zu können:

Die Wissenschaft der Gedankenführung
Band 1 Grundlagen

„Es gibt einen denkenden Stoff, aus dem alle Dinge geschaffen sind und der in seinem Urzustand in die Zwischenräume des Universums eindringt, sie durchdringt und ausfüllt.

Ein Gedanke in dieser Substanz erschafft das Ding, über das gedacht wurde.

Der Mensch kann in seinem Denken Dinge formen und kann das Gedachte erschaffen, indem er sie der formlosen Substanz aufprägt.

Um dies zu tun, muss der Mensch vom Konkurrenzdenken zum schöpferischen Denken übergehen; er muss ein klares geistiges Bild der Dinge haben, die er wünscht und dieses Bild in seinen Gedanken festhalten, mit der festen Absicht, zu bekommen was er wünscht und mit standhaftem Glauben, dass er erhalten wird, was er wünscht und seinen Geist verschließen gegen alles, was dazu neigt, seine Absicht zu erschüttern, seine Vision zu verdunkeln oder seinen Glauben zu ersticken."

Diese Kernaussagen der Neugeistlichen Bewegung, aus der sich diverse Schlussfolgerungen ergeben, nehmen wir jedoch nicht bloß als gegeben hin, sondern hinterfragen sie und überprüfen ihre Gültigkeit im weiteren Verlauf dieses Buches anhand der neuesten wissenschaftlichen Erkenntnisse.

2. Die deutsche Neugeistbewegung

Um die Jahrhundertwende war die Neugeistbewegung in den Vereinigten Staaten bereits recht weit verbreitet und fand ihren Weg rasch zu anderen westlichen Staaten, so auch nach Europa und Deutschland. Der Deutsche Neugeistbund, der sich als Dachverband für alle Anhänger der Neugeistlehre verstand, gründete sich im Jahre 1923. Die Zeitschrift des Deutschen Neugeistbundes „Weiße Fahne" aus dem Jahre 1908, die zuvor von 1904 bis 1907 unter dem Titel „Neue Gedanken" erschien, diente vielen deutschsprachigen Schriftstellern der Neugeistbewegung als Sprungbrett. Die Zeitschrift wurde unter dem Titel „Esotera" vom Hermann Bauer Verlag bis zum Jahre 2002 fortgeführt.

Eine ebenfalls sehr bekannte Zeitschrift der frühen deutschen Neugeistbewegung mit dem vielversprechenden Titel „Der 6. Sinn – Monatsschrift für Geheimwissenschaften – der Anregung schlummernder Geisteskräfte zur Erlangung von Gesundheit, Glück und Reichtum gewidmet" erschien erstmals im Juni 1913. Die letzte Ausgabe des 6. Sinns erschien im Mai 1920.

Nach der Machtergreifung der Nationalsozialisten im Jahre 1933 wurde die Lehre der Neugeistbewegung verboten. Ihre Schriften wurden zusammen mit zahllosen weiteren Büchern verbrannt und ihre Herausgeber von der Gestapo verhaftet.

Die deutsche Neugeistbewegung erlangte ihre alte Stärke in den Nachkriegsjahren nach 1945 bis heute nicht mehr zurück, erst recht nicht in der Deutschen Demokratischen Republik. Dies erklärt, weshalb heute in Deutschland nur sehr wenige Menschen die Neugeistbewegung kennen.

Philosophie

Kapitel 3

Philosophie

Nach den geschichtlichen Erkenntnissen folgt nun die Philosophie.

Die philosophischen Erkenntnisse folgen logischerweise als zweites, denn schließlich ist es die Philosophie, die mit der Hilfe des Verstandes die Welt und die menschliche Existenz zu erklären versucht. Deshalb wird uns die Philosophie nicht nur in diesem Kapitel begegnen, sondern auch in weiteren, insbesondere in Kapitel V, in dem wir uns kurz mit dem Rätsel des menschlichen Bewusstseins beschäftigen werden.

Nachdem wir das vorhergehende Kapitel „Geschichte" gelesen haben, interessiert uns zunächst die Frage, ob wirklich alles um uns herum und sogar wir selbst aus der immer gleichen Materie geschaffen sind, die darüber hinaus auch noch denken kann.

Diese Kernfrage, die uns in diesem philosophischen Kapitel hauptsächlich beschäftigen wird, führt uns weiter zur Transzendentalen Philosophie des Ralph Waldo Emerson und dem sogenannten Monismus.

Die Wissenschaft der Gedankenführung
Band 1 Grundlagen

1. Die Philosophie des Ralph Waldo Emerson

Die Transzendentale Philosophie des amerikanischen Philosophen und einflussreichen Schriftstellers Ralph Waldo Emerson hat den Neuen Gedanken des amerikanischen New Thought Movement seinerzeit ganz wesentlich geprägt.

Bei Emersons erstem Buch „Nature" aus dem Jahre 1836 handelt es sich um mehrere Aufsätze, in denen er die Auffassung vertritt, dass Menschen in einfacher Art und Weise mit sich selbst und mit der Natur leben sollten.

Seine Vorlesungen an der Harvard Universität führten 1828 zu seiner Suspendierung. Doch insbesondere bei seinen Studenten fanden seine Vorlesungen große Anerkennung. Nach Emersons Suspendierung traten sie dem Club der Transzendentalisten bei. So wurde Emerson rasch zum Anführer der Transzendentalen Bewegung.

Emersons Philosophie ist stark monistisch geprägt.

2. Der Monismus

In der Philosophie ist oftmals die Rede davon, dass die Welt aus Substanzen besteht. In der philosophischen Diskussion stehen sich im Wesentlichen zwei unterschiedliche Auffassungen gegenüber, der Monismus und der Dualismus. Während der Monismus von der Existenz einer einzigen Substanz ausgeht, geht der Dualismus davon aus, dass es mindestens zwei Substanzen geben müsse, die Materie und der Geist.

Bereits im Antiken Griechenland glaubten die bekannten Naturphilosophen und Mathematiker die eine Ursubstanz gefunden zu haben, bei Thales war es das Wasser, bei Anaximenes die Luft und bei Pythagoras waren es Zahlen. Der Philosoph Demokritos war bereits der Ansicht, dass die Welt lediglich aus Zusammenballungen kleinster Teile, den Atomen, bestehe.

Bekannte Vertreter des Monismus der frühen europäischen Neuzeit waren Thomas Hobbes und Baruch de Spinoza. Weitere bekannte Vertreter des Monismus sind die Philosophen Descartes, Leibniz, Schopenhauer und Hegel.

Im Kapitel „Naturwissenschaften" werden wir die Suche nach dieser einen Substanz, von der die Philosophen sprechen, wieder aufnehmen.

Religion

Kapitel 4

Religion

Die Religion durchdringt jede Gesellschaft.

Zum einen heilt sie ihre Wunden, doch zum anderen treibt sie mitunter auch tiefe Keile in sie hinein und spaltet eine Gesellschaft.

Das Thema Religion ist derart heikel, dass zunächst einige Vorbemerkungen angebracht sind.

Dieses Buch nimmt trotz teils deutlicher Worte weder eine Wertung der einzelnen Religionen vor, noch schreibt es seinem Leser vor, woran er zu glauben hat. Das Buch soll seinen Leser lediglich dazu anregen, über sein eigenes Denken und über das Denken anderer Menschen nachzudenken. Hierfür ist es unausweichlich, die Religion, die das Denken und das Leben sehr vieler Menschen ganz wesentlich prägt, kritisch zu untersuchen.

So stellen wir eingehend in die kritische Auseinandersetzung mit der Religion fest, dass Menschen, die von einem festen unerschütterlichen Glauben angetrieben werden, in der Lage sind, mitunter ganze Berge zu versetzen.

Dieser tiefe religiöse Glaube manifestiert sich in den verschiedensten Erscheinungsformen, die nun näher erläutert werden.

Die erste Erscheinungsform, die wir genauer betrachten werden, sind die sagenumwobenen religiösen Wunder.

Die Wissenschaft der Gedankenführung
Band 1 Grundlagen

1. Religiöse Wunder

Seit jeher machen immer wieder aufs Neue die unterschiedlichsten religiösen Wunder von sich reden.

Unter einem religiösen Wunder verstehen wir ein positives Ereignis im Umfeld der Religion, das sich niemand erklären kann und uns deshalb wundernd und staunend zurücklässt. Diese Art der Wunder sind besonders im Christentum erstaunlich weit verbreitet. Der Lahme kann plötzlich wieder gehen, und der Blinde kann, oh göttliches Wunder, wieder sehen.

Das alles klingt zunächst äußerst biblisch und schlicht unglaubwürdig. Aber dennoch, es gibt sie wirklich, diese religiösen „Wunderheilungen", die uns staunend und mitunter auch zweifelnd zurücklassen.

Doch worüber staunen und rätseln wir da wirklich?

Das, was uns an den religiösen Wunderheilungen tatsächlich staunen und rätseln lässt, ist die Macht des tief in einem Menschen verwurzelten Glaubens. Es ist weder die Macht eines Heiligen, noch ist es die Kraft Gottes, die es vermag, Kranke zu heilen. Es ist der religiös motivierte Glaube des Menschen an baldige Genesung.

Dieser unerschütterliche Glaube an den Eintritt der Genesung ist derart mächtig, dass er den eigenen von Krankheit geplagten Körper letztlich dazu veranlasst, sich selbst erfolgreich zu heilen. Es ist nicht das Auflegen einer heiligen Hand, das dazu führt, dass der eigene Körper damit beginnt, sich selbst zu heilen, sondern es ist der feste und unumstößliche Glaube an den Eintritt der Genesung.

Dieses interessante Phänomen einer spontanen Selbstheilung wird als der Placeboeffekt im sechsten Kapitel „Medizin" ausführlicher erörtert, denn auch in diesem Fall ist es der feste und unerschütterliche Glaube an die eintretende Heilung, der dazu führt, dass der eigene Körper schließlich beginnt, sich selbst zu heilen.

Zu den religiösen Wundern lässt sich abschließend sagen, dass diese Wunderheilungen durchaus begrüßenswerte Ereignisse sind, an denen die Macht des eigenen Glaubens besonders deutlich wird.

Ein anderes religiöses Phänomen, das wir keineswegs als sonderlich begrüßenswert ansehen können, sind die religiösen Selbstgeißelungen.

2. Kasteiung und vollkommene Aufopferung

Gläubige der verschiedensten Religionen geißeln ihren eigenen Körper freiwillig und aus der tiefsten Überzeugung heraus, dass ihr Gott es von ihnen verlange oder dass es ihm zumindest gefallen werde.

Im Islamischen Monat Muharram etwa bilden die Rituale des Aschura den Höhepunkt der Passionsfeiern zu Ehren des dritten Imams Husain Ibn Ali, einem Enkel des einstigen Propheten Mohammed. In öffentlicher Trauer nehmen die Gläubigen Teil am Leiden Husains und rufen sein Schicksal in Umzügen in Erinnerung. Während der Ausführung der Aschura-Rituale kommt es teilweise zu körperlichen Verletzungen, die sich die Gläubigen selbst zufügen.

Diese Form der religiös motivierten Selbstgeißelung, die insbesondere unter den Schiiten praktiziert wird, ist jedoch keinesfalls eine Spezialität des Islams.

Die Kasteiung findet sich auch in den extremen Formen des Christentums, zur körperlichen und seelischen Nachempfindung der Leiden Jesu Christi, mehr als zuhauf.

So kommt es seit jeher immer wieder vor, dass sich Menschen freiwillig unter dem Deckmantel einer „Compassio" mit beiden Händen ans Kreuz nageln lassen.

Hier muss jeder Mensch, der zumindest zu dieser Religion keinen Bezug verspürt, zur Einsicht gelangen, dass derjenige, der sich freiwillig ans Kreuz nageln lässt, um auf diese Weise die Leiden Jesu Christi nachzuempfinden, ganz und gar verrückt sein, oder aber an einer äußerst tief sitzenden und behandlungsbedürftigen Borderlinestörung leiden muss.

Eine weitere Erscheinung der religiös motivierten Selbstgeißelung sind die sogenannten Flagellanten im deutschen und im europäischen Mittelalter. Die Flagellanten sind auf dem Bild, das diesem Kapitel vorangestellt ist, zu sehen.

Die Flagellanten, häufig auch Geißler genannt, waren eine christlich motivierte Bewegung des 13. und 14. Jahrhunderts. Sie geißelten sich auf öffentlichen Plätzen, teilweise in ganzen Umzügen organisiert, selbst, um auf diese Weise Buße zu leisten und sich von begangenen Sünden zu befreien oder schlicht um ihre Fleischeslust abzutöten. So belustigten sie viele Passanten, während andere einfach nur entsetzt waren.

Interessant erscheint insbesondere die Tatsache, dass einige Flagellanten durch die öffentliche Geißelung ihre Fleischeslust abtöten wollten, denn diese Praktiken bringen wir heute eher mit Sadomasochismus in Verbindung, der eben nicht der Abtötung, sondern der Befriedigung sexueller Gelüste dient.

Nicht erst seit heute erkennen wir, zu welchen Verrücktheiten der religiöse Glaube die Menschen mitunter antreibt und schütteln darüber zurecht unseren Kopf.

3. „Opium für das Volk"

„Die Religion ist der Seufzer der bedrängten Kreatur, das Gemüt der herzlosen Welt, wie sie der Geist geistloser Zustände ist. Sie ist das Opium des Volkes."

Das bekannte Zitat von Karl Marx aus der „Einleitung zur Kritik der Hegelschen Rechtsphilosophie" von 1844 geht zurück auf den Ausspruch „Die Religion ist so notwendig für den Menschen wie das Brot, sie ist ihm so verderblich wie das Gift."

Lenin interpretierte diesen Ausspruch als den Kern der Marxistischen Religionskritik und schrieb 1905 in seinem Buch „Sozialismus und Religion": „Wer sein Leben lang schafft und darbt, den lehrt die Religion Demut und Geduld im irdischen Leben und vertröstet ihn auf den himmlischen Lohn. Wer aber von fremder Hände Arbeit lebt, den lehrt die Religion Wohltätigkeit; sie bietet ihm eine wohlfeile Rechtfertigung für sein Ausbeuterdasein und verkauft zu billigen Preisen Eintrittskarten zur himmlischen Seligkeit. Die Religion ist das Opium für das Volk. Die Religion ist eine Art geistigen Fusels, in dem die Sklaven des Kapitals ihr Menschenantlitz, ihren Anspruch auf ein auch nur halbwegs menschenwürdiges Dasein ersäufen."

Der Vergleich zwischen Opium und Religion ist übrigens, ganz abgesehen von dem politischen Hintergrund, vollkommen gerechtfertigt, denn Opium, das zu dieser Zeit schwer im Kommen war, wirkt angenehm betäubend und euphorisierend.

Religion hat eine vergleichbare Wirkung. Menschen, die streng gläubig sind, sind glücklichere Menschen. Dies ist empirisch belegt. Der Grund dafür wird darin gesehen, dass die Religion dem Leben des streng gläubigen Menschen erst einen Sinn gibt.

Und das ist ein ganz entscheidender Punkt.

Die Wissenschaft der Gedankenführung
Band 1 Grundlagen

Die Frage nach dem Sinn des eigenen Lebens stellt sich jede vernünftig denkende Person im Laufe seines Lebens, und die Religion spiegelt ihm vor, die Antwort auf diese ach so quälende Frage zu haben.

Und doch bleibt es für den Einzelnen enorm wichtig, den Sinn des eigenen Lebens zu kennen und sich dessen stets bewusst zu sein.

So sagte schon Einstein über den Sinn des Lebens: "Wer sein eigenes Leben und das seiner Mitmenschen als sinnlos empfindet, der ist nicht nur unglücklich, sondern auch kaum lebensfähig."

Deshalb muss sich jeder Mensch über den Sinn seines eigenen Lebens bewusst werden. Und zwar auch derjenige, der nicht religiös ist.

Wallace Delois Wattles stellt in seinen neugeistlichen Büchern die These auf, dass der Sinn unseres Lebens darin besteht, unserem Körper, unserem Geist und unserer Seele in gleichem Maße zu dienen. Einfacher sei gesagt: Der Sinn des Lebens liegt im Leben selbst.

Unser Körper und unser Geist sind uns wohl bekannt, nur die eigene Seele bereitet uns Schwierigkeiten, und so fragen wir uns, was sie überhaupt ist, die menschliche Seele.

Dabei ziehen Religionswissenschaftler, Philosophen, Psychologen und Psychiater jeweils ihre eigenen Schlüsse, und jeder hat eine andere Definition der „Seele" parat.

Lassen wir all diese unterschiedlichen Definitionen einmal beiseite und beschränken uns darauf, die Frage zu beantworten, wie wir ihr dienen können, unserer Seele.

Die Religion befasst sich seit jeher ausgiebig mit der menschlichen Seele. Der Theologe Dietrich Bonhoeffer sagte: „Es gibt kaum ein beglückenderes Gefühl, als zu spüren, dass man für andere Menschen etwas sein kann." Wir dienen unserer Seele folglich, indem wir anderen Menschen etwas geben, etwa Geborgenheit oder einfach nur ein offenes Ohr.

Falls Sie sich jetzt einmal mehr dazu entschließen, Ihren Liebsten noch mehr zur Seite zu stehen, dann sollten Sie dabei nicht vorgehen wie es stets auch religiöse oder politische Extremisten tun. Die wollen ja auch immer nur das Beste.

4. Religiöser Extremismus

Für den Ungläubigen ist der gemeine Betbruder in der Regel völlig harmlos. Dies ändert sich jedoch schlagartig, sobald der Gläubige in einem religiös-extremistischen Wahn damit beginnt, seine einzig wahre Religion allen anderen mit Gewalt überstülpen zu wollen.

Diese Extremisten bilden glücklicherweise die Ausnahme, doch sie zeigen auf eine besonders erschreckende Weise die verheerenden Folgen religiöser Verblendung.

Und so machen uns diese religiösen Extremisten, welcher Religion sie auch immer angehören, zurecht Angst. Und wir, die Freiheitsliebenden, fragen uns immer wieder aufs Neue, was einen Menschen zu solch gefährlichen religiösen Überzeugungen treibt.

Der Extremismus ist dabei keine Erscheinung, die nur den Islam betrifft. Er findet sich auch in den anderen Religionen, so auch im Christentum und bei den ultraorthodoxen Juden in Israel.

All diese religiösen Eiferer missachten aufs Schärfste einen wichtigen zwischenmenschlichen Grundsatz:

Jeder, ob er nun selbst religiös ist oder nicht, muss den Glauben eines anderen achten. Und niemand hat sich ungefragt in die ganz persönliche Lebensführung eines anderen Menschen einzumischen. Dies gilt insbesondere für Fragen des Glaubens. Und es gilt für jeden - auch für erwachsene Familienangehörige, sowie für die Eltern, die Kinder und die Partner.

Eine Missachtung dieses Grundsatzes führt in aller Regel zu Streit, denn niemand heißt es gut, wenn ein anderer ihm vorschreiben will, wie er sein Leben zu führen oder woran er zu glauben hat. Jemand, der keine Hilfe sucht, sträubt sich naturgemäß gegen derartige Versuche eines Anderen, seine persönliche Freiheit zu beschränken.

Die Wissenschaft der Gedankenführung
Band 1 Grundlagen

Abschließend beschäftigen wir uns mit einer weiteren Frage, die das Wesen der Religion genauer analysiert. So fragen wir uns am Ende des Kapitels Religion schlicht: „Wer ist Gott?"

5. Wer ist Gott?

Völlig unabhängig davon, wie wir Gott nun bezeichnen, verstehen all diejenigen, die seine Existenz anerkennen, ihn als den Schöpfer unseres Universums. Er ist derjenige, der uns und alles Leben auf der Welt geschaffen hat. Er ist die Antwort für diejenigen, die wissen wollen, wer das Universum geschaffen hat und gibt ihnen Hoffnung auf ein absolut himmlisches Leben nach dem Tod. Dieses himmlische Leben erwartet den gläubigen Menschen nach einem irdischen Leben voller Demut und Anbetung, die sehr häufig in eigens prunkvoll errichteten Tempeln und Kirchen ausgelebt wird.

Wer oder was der Schöpfer ist, der regelmäßig in diversen Gottesdiensten angebetet wird, weiß zwar niemand so ganz genau, aber die Gläubigen glauben zumindest, es zu wissen.

Und so hat jeder, der es wagt, sein ganz eigenes Bild von Gott vor Augen.

Albert Einstein, der sich stets kritisch mit der Religion auseinandergesetzt hat, malte sich das folgende Bild von Gott: „Einen Gott, der die Objekte seines Schaffens belohnt und bestraft, der überhaupt einen Willen hat nach Art desjenigen, den wir an uns selbst erleben, kann ich mir nicht einbilden. Auch ein Individuum, das seinen körperlichen Tod überdauert, mag und kann ich mir nicht denken; mögen schwache Seelen aus Angst oder lächerlichem Egoismus solche Gedanken nähren."

Auch Sigmund Freud hat sich sein eigenes Bild von Gott gemacht. Er gelangt in seiner bahnbrechenden Psychoanalyse zu der Überzeugung, dass der Mensch Gott als eine Art Übervater sehe, an den er die Verantwortung eines selbstbestimmten Lebens abgeben könne. Dies sei ein Prozess, der vom Unterbewusstsein gesteuert wird und sich aus einer kindlichen Abhängigkeit erklärt. Der Glaube an Gott sei letztlich nichts anderes als die Befriedigung eines infantilen

Die Wissenschaft der Gedankenführung
Band 1 Grundlagen

Wunsches nach einer väterlichen Autorität, nach Sicherheit und nach Geborgenheit.

Während Sigmund Freud in dem Glauben an Gott die unterbewusste Befriedigung eines menschlichen Triebes sieht, sehen andere, wie etwa der französische Schriftsteller und Philosoph Jean-Paul Sartre, in Gott nichts anderes als eine Gefahr für die menschliche Freiheit.

Doch für all diejenigen, die weder an Gott, noch an die Urknalltheorie glauben, bleibt die Frage bestehen, wer oder was das gesamte Universum, sprich die Materie, den Raum und die Zeit, geschaffen hat, wenn es nicht von Gott geschaffen wurde und es sich ebenfalls nicht mit einem gewaltigen Knall selbst geschaffen hat.

Der bekannte britische Physiker und Astrophysiker Stephen Hawking hat auf diese Frage eine einfache und plausible Antwort gefunden. Hawking behauptet, es habe überhaupt nie einen Schöpfungsprozess gegeben. Dem Universum fehlen nicht nur die räumlichen Grenzen, sondern es fehlen ihm auch die zeitlichen Grenzen.

Unser Universum habe es laut Hawking bereits immer geben und es werde es immer geben. Das Universum kennt keinerlei Grenzen, weder zeitlich, noch räumlich.

Somit würde sich auch die verzweifelte Suche nach einem Schöpfer erübrigen. Wenn das Universum überhaupt nie einen Anfang gehabt hat, dann braucht es auch weder einen Schöpfungsprozess, noch einen Schöpfer.

Demzufolge existiert Gott, wie es bereits der Lyriker Bertolt Brecht formulierte, nur in unseren Köpfen. Und so schließt dieses Kapitel „Religion" mit einem Zitat aus Bertolt Brechts „Geschichten vom Herrn Keuner".

"Einer fragte Herrn K., ob es einen Gott gäbe. Herr K. sagte: "Ich rate dir, nachzudenken, ob dein Verhalten je nach der Antwort auf diese Frage sich ändern würde. Würde es sich nicht ändern, dann können wir die Frage fallen lassen. Würde es sich ändern, dann kann ich dir wenigstens noch so weit behilflich sein, dass ich dir sage, du hast dich schon entschieden: Du brauchst einen Gott."

Psychologie und Neurologie

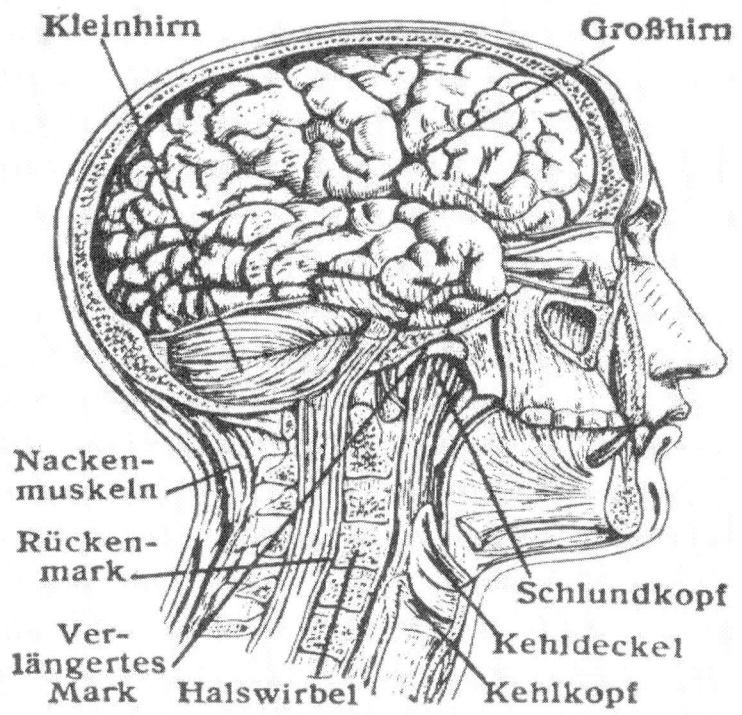

Kapitel 5

Psychologie und Neurologie

Mit der Geschichte, der Philosophie und der Religion haben wir zunächst die drei Wissenschaften betrachtet, die in ihrer Entwicklung recht konstant sind und sich nur äußerst schleppend weiterentwickeln.

Mit der Psychologie und der Neurologie folgen nun die Wissenschaften, die in ihrer gegenwärtigen Entwicklung äußerst dynamisch sind. Die heutige Hirnforschung hat einen Höhepunkt erreicht und nahezu täglich werden neue, bahnbrechende Forschungsergebnisse enthüllt. Es werden Milliardensummen in die Hirnforschung investiert, an denen selbst die NASA mit gewaltigen Forschungsprojekten beteiligt ist. Auch Hochleistungs- und Spitzensportler profitieren in mentalen Trainings von den neuesten Erkenntnissen der Hirnforschung. Nun werden auch Sie spätestens jetzt damit beginnen, von diesen wertvollen Erkenntnissen zu profitieren.

Der Aufbau des Gehirns und die Funktionen der einzelnen Hirnregionen sind uns dank fortschreitender Forschungstechnik in vielen Details bekannt. So lassen sich mit der Hilfe von Kernspintomografen die Gedanken und Gefühle im Gehirn lokalisieren und visualisieren. Mit Hilfe dieser neuesten Tomografentechnik können wir die unterschiedlichsten Denkprozesse des Gehirns genau beobachten und auswerten.

Heute wissen wir zum Beispiel, dass das Gehirn nicht aufhört zu wachsen und zwar völlig unabhängig vom biologischen Alter. Es ist schlichtweg falsch, dass die Leistung des Gehirns mit zunehmendem Alter stagniert oder gar zurückgeht. Je stärker das Gehirn beansprucht wird, desto stärker entwickelt es sich. Es lässt sich wie ein Muskel des Körpers trainieren, der durch regelmäßiges Training wächst und ohne Förderung wieder verkümmert. Den bekannten Ausspruch „Was Hänschen nicht lernt, lernt Hans nimmer mehr."

Die Wissenschaft der Gedankenführung
Band 1 Grundlagen

können wir somit getrost vergessen. Hans kann das, was Hänschen nicht gelernt hat, selbst in einem fortgeschrittenen Alter noch genauso gut lernen.

Das Gehirn benötigt in jedem Alter ein tägliches Training und zudem ständig neue Herausforderungen. Bereits mit dem Lesen dieses Buches trainieren Sie Ihr Gehirn und in Ihrem Gehirn werden neue neuronale Vernetzungen und Strukturen entstehen.

An ständig neuen Herausforderungen sollte es Ihnen ebenfalls nicht mangeln. Es hängt lediglich davon ab, wie Sie sie bezeichnen. Jeder, der einen Sack voller großer und kleiner Probleme mit sich herumschleppt, kann damit beginnen, seine Probleme nicht mehr länger als Probleme zu bezeichnen, sondern als neue Herausforderungen, an denen sein Gehirn und seine Person wachsen kann.

Doch was ist dieses wohl komplizierteste Rätsel des gesamten Universums, das wir als Gehirn bezeichnen?

Das Gehirn ist definiert als der im Kopf gelegene Teil des Zentralnervensystems und besteht hauptsächlich aus Nervengewebe und Wasser. Dieses Wunderwerk verschlingt unglaublich viel Energie und besteht aus verschiedenen Regionen, von denen wir zumindest die Großhirnrinde, das Stammhirn, das Kleinhirn, das limbische System und den Thalamus kennen sollten.

1. Die Großhirnrinde, eine millimeterdünne faltige Schicht, die das Gehirn wie eine Kappe überzieht, beherbergt das Bewusstsein und den Verstand.

2. Unser urzeitliches Gehirn, das Stammhirn, regelt die lebenswichtigen Grundfunktionen des Körpers wie die Atmung und die Herzfrequenz.

3. Das Kleinhirn regelt alle Bewegungsroutinen wie das Gehen oder das Greifen mit der Hand.

4. Das limbische System ist der Sitz der Gefühle. Es kennt uns besser als wir uns selbst.

5. Der Thalamus ist ein Filter des Unterbewusstseins, der darüber entscheidet, was neu und wichtig genug ist, um es mit dem Bewusstsein zu teilen.

<u>Die Wissenschaft der Gedankenführung</u>
Band 1 Grundlagen

1. Die Wahrnehmung der Wirklichkeit

Die Wahrnehmung unserer Wirklichkeit basiert auf den Reizen unserer Umwelt, die wir mit all unseren Sinnen wahrnehmen.

Wir wissen bereits, dass das Gehirn als der im Kopf gelegene Teil unseres Zentralnervensystems definiert ist. Alle unsere Sinne sind über zahllose Nervenbahnen direkt mit unserem Gehirn verbunden. Erst dort im Gehirn werden alle in wenigen Millisekunden eingehenden Reize entsprechend unserer Wahrnehmung in unser jeweils ganz eigenes Bild der Wirklichkeit umgewandelt. Somit ließe sich durchaus behaupten, dass der einzige Ort, an dem Sie je gewesen sind, der in Ihrem Kopf ist.

Allen Snyder, ein angesehener Hirnforscher vom Center of the Mind im australischen Sydney, folgert daraus, dass der Mensch mit den Gedanken die Wirklichkeit überschreiben kann. Diese Möglichkeit, mit den eigenen Gedanken die Wirklichkeit überschreiben und somit fälschen zu können, sei, so Snyder, unglaublich machtvoll.

Das Bild der Wirklichkeit, die einen umgibt, entsteht also erst im Gehirn und dass dieses ganz eigene Bild der Wirklichkeit, das in unserem Gehirn entsteht, nicht zwangsläufig mit der Realität übereinstimmen muss, zeigen eindrucksvoll optische Täuschungen und Zaubertricks, so auch die folgenden.

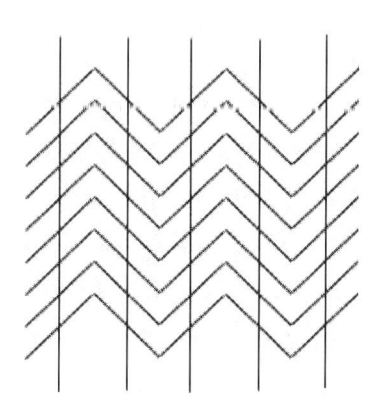

Die Wissenschaft der Gedankenführung
Band 1 Grundlagen

Die senkrecht verlaufenden Linien, die Sie auf der Abbildung sehen, sind augenscheinlich schief, doch dies entpuppt sich auf den zweiten Blick als ein bloßer Schein. Alle senkrechten Linien verlaufen kerzengerade und parallel zueinander.

Auf dem untenstehenden Bild sehen Sie, dass das obere Teil A eindeutig kleiner ist als das untere Teil B.

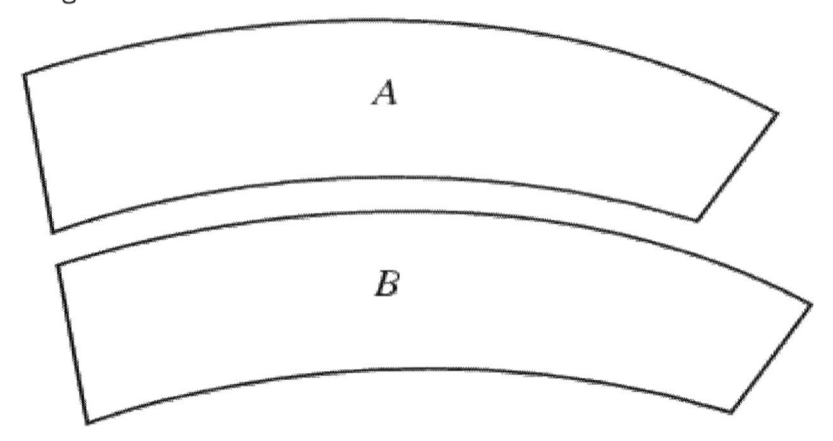

Doch bei dieser optischen Täuschung, entdeckt von dem amerikanischen Psychologen Joseph Jastrow, sind die beiden Teile A und B exakt gleich groß. Sie sind identisch.

Nach dem Betrachten der beiden optischen Täuschungen müssen wir also feststellen, dass alles, was wir sehen, nicht immer dem Tatsächlichen entspricht. Dies gilt nicht nur für das, was wir sehen, sondern für alle unsere fünf Sinne, die die Reize unserer Umgebung aufnehmen und zur Verarbeitung an unser Gehirn weitersenden. Dies ist die erste wichtige Erkenntnis zur Wirklichkeit.

Die zweite wichtige Erkenntnis zur Wirklichkeit wird die sein, dass es zwischen einer Wirklichkeit ersten Grades und einer Wirklichkeit zweiten Grades zu unterscheiden gilt.

Bei der Wirklichkeit ersten Grades handelt es sich beispielsweise um physikalische Gesetzmäßigkeiten und Messeinheiten. Egal wie wir über sie denken, bleiben diese Gesetzmäßigkeiten und Maßeinheiten stets unveränderlich. Ein Liter Wasser ist und bleibt immer ein Liter Wasser.

Von größerer Bedeutung für unser Denken und unser Handeln ist die Wirklichkeit zweiten Grades. Zu ihr zählen wir unter anderem unsere Gefühle und unseren persönlichen Geschmack. Des weiteren zählen wir zu ihr die alles entscheidende Frage, wie wir über die unveränderliche Wirklichkeit ersten Grades denken, wie etwa bei der bekannten Frage, ob das mit Wasser gefüllte Glas noch halb voll oder bereits halb leer ist.

Die unumstößliche Tatsache, dass die Wirklichkeit, die uns umgibt, ausschließlich in unseren Köpfen existiert, zeigen eindrucksvoll Fälle von Persönlichkeitsstörungen, deren Ursache in einer unbewussten Verarbeitung einer traumatischen Erfahrung liegen.

2. Die Verarbeitung eines Traumas

Wie umfassend die Wirklichkeit, die unser Gehirn erschafft, tatsächlich ist, zeigen Fälle, in denen eine traumatische Erfahrung ursächlich für die Entwicklung einer Persönlichkeitsstörung ist. Ein Trauma ist definiert als eine überwältigend belastende Erfahrung, die mit dem Gefühl einer Todesangst oder mit dem Gefühl einer absoluten Vernichtung einhergeht.

Derartige Erfahrungen wie etwa brutalste Vergewaltigungen können gerade bei Kindern zu immensen psychischen Schäden in Form einer sogenannten Dissoziation führen.

Unter dem Begriff der Dissoziation fassen die Psychologen diverse Störungen des Bewusstseins und des Unterbewusstseins zusammen. Ein besonders schwerer Fall der Dissoziation ist die Identitätsstörung, die sehr häufig bei Opfern extremer sexueller Gewalt in der Kindheit zu finden ist. Ihr Unterbewusstsein gibt ihnen nach den schrecklichen Geschehnissen eine völlig neue Persönlichkeit. Anders könnten die Betroffenen die gemachten Erfahrungen auch nicht verarbeiten. Ihr Unterbewusstsein gibt ihnen eine vollkommen neue oder vielleicht sogar eine zweite, dritte oder vierte Identität.

Ihr Gehirn sagt Ihnen beispielsweise jeden Morgen nach dem Aufstehen aufs Neue, wer Sie denn nochmal sind. Sämtliche Informationen über Ihre wahre Identität sind bei Ihnen jederzeit abrufbar. Darauf ist stets Verlass. Doch was geschieht, wenn Ihnen Ihr Gehirn etwa nach dem Erleben eines traumatischen Ereignisses oder infolge eines epileptischen Anfalls nun plötzlich einen Strich durch die Rechnung macht und Sie von Ihrem Unterbewusstsein eine völlig neue Identität erhalten?

Stellen Sie sich bitte die folgende unglaublich erschreckende Situation vor: Eine Gruppe von etwa zehn erwachsenen Menschen zwingt ein kleines fünfjähriges Mädchen mit den brutalsten Foltermethoden

Die Wissenschaft der Gedankenführung
Band 1 Grundlagen

dazu, ihren Hasen zu töten, diesem anschließend das Herz zu entnehmen und ein Stück davon zu essen. Ein anderes Mal wird sie von ihren Peinigern sogar dazu gezwungen, gleiches mit einem menschlichen Baby zu tun. Ein derartiges Szenario erscheint Ihnen wahrscheinlich ganz und gar realitätsfern, doch solche Aussagen, die von Opfern satanistischer Rituale tatsächlich berichtet werden, sind oftmals in diesem Punkt übereinstimmend.

Bei Kindern, die unentwegt derartig grausamen Situationen ausgesetzt wurden, bildet sich mit der Zeit mit an Sicherheit grenzender Wahrscheinlichkeit eine Identitätsstörung heraus. Ist diese Form einer Persönlichkeitsstörung dann letzten Endes ausgebrochen, leiden die Betroffenen unter dem Dilemma, dass ihnen diese unvorstellbaren Horrorgeschichten nicht geglaubt werden. Stattdessen werden diese Erlebnisse als die pure Phantasie eines Geisteskranken abgetan.

So kann aus einer erwachsenen Frau mit einer durchaus robusten Art plötzlich wieder ein kleines, unbeholfenes Mädchen werden, das mit einer kindlichen Stimme spricht und Hamburger von McDonalds liebt. Bei den Betroffenen ändert sich dann nicht nur ihr Geist, der ihnen vorgibt, jemand anderes zu sein, sondern es werden sogar körperliche Veränderungen wie etwa bei der Sehstärke oder bei Krämpfen der Bronchialmuskulatur objektiv messbar.

Der soeben beschriebene Fall einer Identitätsstörung macht noch einmal sehr deutlich, dass die Wirklichkeit tatsächlich nur in unseren Köpfen existiert. Die Wirklichkeit umfasst dabei nicht nur alle äußeren Einflüsse, sondern sämtliche Faktoren wie etwa auch die eigene Identität.

Dieses drastische Beispiel bringt uns in unseren Überlegungen zur Wirklichkeit, die allein unser Gehirn fabriziert, einen gewaltigen Schritt weiter.

Die Wissenschaft der Gedankenführung
Band 1 Grundlagen

Erinnern Sie sich jetzt vor diesem Hintergrund an den phantastischen Kinderbuchklassiker „Alice im Wunderland" des britischen Schriftstellers Lewis Carroll, der durch seine zahlreichen Adaptionen den Meisten bekannt sein sollte. Auf dem oberen Bild, das der Originalausgabe des Buches aus dem Jahre 1865 entnommen wurde, sehen wir Alice zu Gast bei der verrückten Teeparty.

Das Buch handelt von einem kleinen Mädchen namens Alice, das gelangweilt einschläft, während ihre Schwester aus einem Buch vorliest. In ihrem Traum folgt sie neugierig einem sprechenden, weißen Kaninchen, das offenbar ziemlich spät dran zu sein scheint und sich deshalb beeilen muss. Auf ihrer wilden Verfolgungsjagd begegnet Alice den unterschiedlichsten Kuriositäten und Absurditäten.

Aus diesem Grund bezeichnen viele Psychologen Carrolls Geschichte als die Beschreibung eines bewusstseinsverändernden Drogentrips. Die Psychologen verweisen insbesondere auf eine Szene, in der Alice Stücke von den verschiedenen Seiten eines Pilzes abbeißen muss.

Die Wissenschaft der Gedankenführung
Band 1 Grundlagen

Danach verändert sie entsprechend der abgebissenen Seite ihre Körpergröße.

So verwundert es auch nicht, dass das Buch zum Namensgeber einer psychischen Erkrankung wurde. Das Alice-im-Wunderland-Syndrom bezeichnet ein Zusammenspiel von gleichzeitig vorhandenen Symptomen, bei dem der Betroffene sich selbst oder seine Umgebung auf eine halluzinatorisch veränderte Weise wahrnimmt. Das Alice-im-Wunderland-Syndrom kann nicht nur durch den Konsum von bewusstseinsverändernden Drogen verursacht werden, sondern auch durch eine Migräneattacke oder durch einen epileptischen Anfall.

Das Syndrom ist besonders häufig bei kleinen Kindern zu finden. Auch Carroll selbst litt bereits als Kind unter starker Migräne. Nach solchen Migräneattacken kann es insbesondere bei Kindern zu Störungen der Wahrnehmung kommen. Sie beginnen oft, den eigenen Körper als stark vergrößert oder stark verkleinert wahrzunehmen und die phantastischsten Bilder zu sehen. Es wird daher ebenfalls angenommen, dass auch Carroll an dem Alice-im-Wunderland-Syndrom gelitten hat. Was er zu Papier gebracht hat spricht sehr für die Annahme, dass er infolge seiner Migräne-Anfälle unter halluzinatorischen Wahrnehmungsstörungen litt. Höchstwahrscheinlich verarbeitete Carroll mit „Alice im Wunderland" seine eigenen Halluzinationen, die ihm derart real erschienen.

Wir hingegen benötigen weder ein Trauma, noch eine Migräneattacke, und wir müssen auch keine psychedelischen Pilze zu uns nehmen, um die Wirklichkeit mit unseren Gedanken überschreiben zu können. Letztlich wollen wir auch keine phantastischen Traumwelten erschaffen, sondern wir beabsichtigen zunächst, mit unseren Gedanken die Wirklichkeit zweiten Grades zu überschreiben.

Um jedoch herauszufinden, wie wir beim Überschreiben der Wirklichkeit zweiten Grades mit unseren Gedanken am besten vorgehen, müssen wir zunächst einmal klären, was unsere Gedanken überhaupt sind.

3. Was sind Gedanken?

Für Forscher sind die menschlichen Gedanken ein noch nicht entschlüsseltes und äußerst kompliziertes Zusammenspiel von chemischen Reaktionen und elektrischen Spannungen, die messbar sind.

Der letzte Punkt, dass Gedanken als elektrische Signale messbar sind, ist besonders interessant, denn auf diese Weise lassen sich die Gedanken von außen manipulieren. Dies geschieht ebenfalls durch den Einsatz elektrischer Signale. So können absolut schmerzfrei bestimmte Regionen des Gehirns beeinflusst oder ganz lahmgelegt werden.

Bei allen Denkprozessen müssen wir stets zwischen bewussten und unterbewussten Denkprozessen unterscheiden. Wir klären zunächst, was das menschliche Bewusstsein ist, bevor wir uns im folgenden Kapitel der Macht des Unterbewusstseins widmen.

Das Bewusstsein ließe sich als die erlebbare Existenz gegenwärtiger geistiger Zustände und Prozesse beschreiben.

Eine allgemeingültige Definition des Bewusstseins ist jedoch nur schwer möglich, da der Gebrauch des Wortes Bewusstsein sehr unterschiedlich ist. Die folgende Bewusstseinsvorstellung aus dem 17. Jahrhundert zeigt, dass das Bewusstsein den Menschen seit seiner Entdeckung durch die Philosophie vor ein gewaltiges Rätsel stellt.

Die Wissenschaft der Gedankenführung
Band 1 Grundlagen

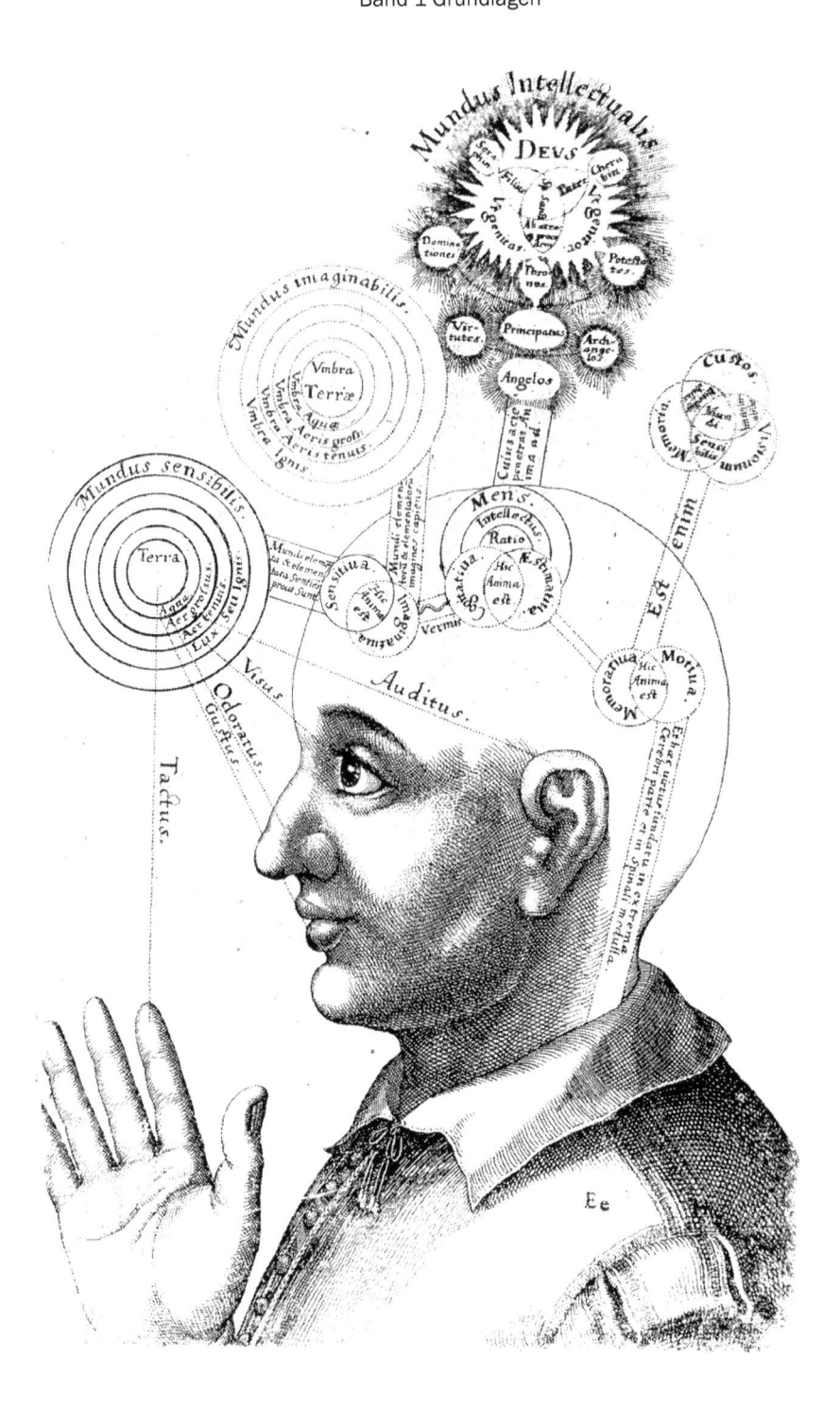

Die Wissenschaft der Gedankenführung
Band 1 Grundlagen

Für die Forscher ist das Bewusstsein eines der größten ungelösten Rätsel unseres Universums. Der Philosoph Thomas Metzinger erklärt das Rätsel um das Bewusstsein wie folgt: „Das Problem des Bewusstseins bildet heute – vielleicht zusammen mit der Frage nach der Entstehung unseres Universums – die äußerste Grenze des menschlichen Strebens nach Erkenntnis."

Ein sehr bekanntes und viel diskutiertes Phänomen unseres Bewusstseins ist der Verstand. Wenn also jemand sprichwörtlich den Verstand verliert, hat wie so oft das Unterbewusstsein die Regie über das Denken und Handeln übernommen. Es ist nämlich nicht unser Bewusstsein, sondern es ist unser Unterbewusstsein, das in unserem alltäglichen Leben eine unglaublich mächtige Rolle spielt.

4. Die Macht des Unterbewusstseins

Über neunzig Prozent der Handlungen, die wir täglich ausführen, werden von unserem Unterbewusstsein gesteuert. Das bedeutet, dass nahezu alle unsere Handlungen von unserem Gehirn mehr oder weniger automatisch in die Wege geleitet werden. Unser Bewusstsein bleibt meistens völlig außen vor. Dabei vollbringt unser Unterbewusstsein wahre Höchstleistungen. Es steuert unsere Motorik und sortiert alle Details, die wir mit unseren Sinnen wahrnehmen, in wichtige und unwichtige Details. Dabei kommt unser Unterbewusstsein stets zu den besten Ergebnissen, die uns mitunter nicht einfallen würden, verließen wir uns alleine auf unser Bewusstsein und unseren Verstand.

Die Basis unseres Unterbewusstseins bildet ganz unwillkürlich unsere ganz persönliche Lebensgeschichte. So wird auch unser persönlicher Geschmack von unserem Unterbewusstsein und damit unserer Lebensgeschichte geformt, ohne dass wir einen nennenswerten Einfluss darauf hätten.

Unser Gehirn tendiert ständig dazu, anfallende Aufgaben möglichst unterbewusst zu erledigen. Diese Tendenz liegt darin begründet, dass „Dinge, die einem leicht von der Hand gehen", bei denen also das Unterbewusstsein die Regie übernommen hat, wesentlich weniger Energie verbrauchen als die bewussten Denkprozesse. Erst bei neuen und wichtigen Fragen wird das Bewusstsein hinzu geschaltet. Das Bewusstsein beginnt sofort damit, neue neuronale Vernetzungen zu bilden. Hierin liegt auch der Grund, weshalb unser Bewusstsein ein derart großer „Energiefresser" ist. Es schafft ständig neue neuronale Verbindungen. Auch jetzt in diesem Moment, in dem Sie ganz bewusst diese Zeilen lesen, schafft Ihr Bewusstsein neue Verknüpfungen in Ihrem Gehirn. Und das, wie wir bereits wissen, im hohen Alter noch genauso gut wie in jungen Jahren. Dieser Umstand zeigt ganz deutlich, wie anpassungsfähig unser Gehirn ist, um neue und unbekannte Aufgaben bewältigen zu können.

Die Wissenschaft der Gedankenführung
Band 1 Grundlagen

Aus diesem Grund werden tatsächlich über neunzig Prozent aller unserer Handlungen nicht von unserem Bewusstsein, sondern von unserem Unterbewusstsein ausgeführt. Auf diese Weise diktiert uns unser unbewusstes Gehirn die Vornahme fast aller Handlungen, sodass manch ein Forscher sogar behauptet, dass es überhaupt kein Bewusstsein gäbe. Dieser Umstand wirft unweigerlich die Frage auf, wie groß der Einfluss unseres bewussten Denkens, das auch unseren freien Willen beherbergt, letztlich noch ist. Einfacher ließe sich auch fragen, wer denn jetzt die Kontrolle über den ganzen Laden hat, oder schlicht wer ist hier der Boss?

Die Frage danach, wer der Chef im Laden ist, stellt sich insbesondere dann, wenn wir uns unfreiwillig in einen anderen Menschen verlieben und unser Gehirn damit beginnt, unzählige Glückshormone auszuschütten. In kaum einem anderem Lebensbereich sind wir unserem Unterbewusstsein so hilflos ausgeliefert wie in der Liebe. So bleibt ausgerechnet in den zentralsten Lebensbereichen unser Verstand oftmals völlig außen vor.

Doch dass unser Unterbewusstsein einem wie in der Liebe nicht nur Steine in den Weg legt, zeigt sich beim Lesen der folgenden einfachen Frage:

Wraum slloten Sie deis leesn knnöen?

Die meisten Menschen können diesen Buchstabensalat ohne große Probleme lesen. Ihr Unterbewusstsein ordnet die Buchstaben ganz automatisch und bringt sie in die richtige Reihenfolge. Genau wie durch den Buchstabensalat navigiert Sie Ihr Unterbewusstsein, ohne weiteres Zutun Ihres Bewusstseins, durch Ihr alltägliches Chaos, das Sie ständig und immer umgibt.

Unser Unterbewusstsein leitet uns dabei durch eine Welt, die jeden Tag anders aussieht, auch wenn wir dies meistens gar nicht erst registrieren.

Dafür, dass wir nicht jede kleinste Veränderung unserer vertrauten Umwelt wahrnehmen, sorgt ein unbewusster Filter für Details, der völlig ohne unser Zutun darüber entscheidet, was mit unserem Bewusstsein und damit auch mit unserer Aufmerksamkeit geteilt wird und was nicht.

Die wertvolle Arbeit, die dieser unterbewusste Filter leistet, verdeutlicht das folgende kleine Beispiel des Landeis in der großen Stadt: Ein geborenes Landei, das zum ersten Mal eine größere Stadt wie Berlin, Paris oder London besucht, wird zunächst von all den neuen und hektischen Eindrücken einer Großstadt überfordert sein. Doch je länger und öfter er sich in der neuen Stadt bewegt, desto mehr verwirrende und anstrengende Details werden von seinem unterbewussten Filter aussortiert und finden vom Bewusstsein keine Beachtung mehr. Wir brauchen dieses eingebaute unterbewusste Filtersystem also deshalb, um uns in einer immer komplizierter werdenden Welt überhaupt noch zurechtfinden zu können.

Das Unterbewusstsein ist demnach zuständig für die Erledigung gegenwärtiger Aufgaben, während wir in unserem Bewusstsein Zeitreisen in die Zukunft oder in die Vergangenheit unternehmen können. Während wir mit unserem bewussten Gehirn in Erinnerungen schwelgen oder eine Zeitreise in die Zukunft unternehmen, übernimmt unser unterbewusstes Gehirn alle eingespielten Handlungsabläufe in der Gegenwart und achtet dabei auf alles, was um uns herum geschieht. So gibt uns unser Unterbewusstsein die Freiheit, uns ganz beiläufig in unseren Gedanken verlieren zu können.

Eine weitere wichtige Aufgabe unseres unterbewussten Gehirns ist das Scannen von Gesichtern. Deshalb ist ein Großteil unserer linken Gehirnhälfte für das Ausführen allein dieser Aufgabe reserviert. Unser Unterbewusstsein verallgemeinert neue Gesichter dabei derart schnell, dass wir bewusst auf die Ergebnisse unseres Unterbewusstseins kaum noch einen nennenswerten Einfluss haben. Wenn wir unser Bewusstsein bei der Bewertung eines neuen Gesichtes mit ein-

Die Wissenschaft der Gedankenführung
Band 1 Grundlagen

beziehen, bestätigt es zumeist das vorherige Ergebnis unseres Unterbewusstseins.

Gleiches gilt für sämtliche Bilder, die wir sehen. Schauen Sie sich bitte kurz das untenstehende Bild der nächtlichen Frankfurter Skyline an.

Das, was Sie sehen, ist mehr als nur die Tinte auf dem Papier. Sie sehen nicht nur das Bild der nächtlichen Frankfurter Skyline, sondern Sie sehen alles, an das Sie sich erinnern können. Wenn Sie bereits einmal in Frankfurt gewesen sind oder dort leben, setzt sich vollkommen unterbewusst eine Erinnerungskette in Gang. Falls Sie beispielsweise nur ein einziges Mal in Frankfurt gewesen sind, um am Marathonlauf teilzunehmen, werden diese vergangenen Bilder jetzt unterbewusst von ihrem Gehirn abgespult. Diese in Gang gesetzten Erinnerungsketten ließen sich auch als Denkroutinen bezeichnen.

Der uns bereits bekannte Hirnforscher Allen Snyder nennt diese Denkroutinen Mindsets. Mit Hochdruck arbeitet Snyder daran, diese Mindsets außer Kraft zu setzen. Er glaubt, dass es in einigen Jahren eine Apparatur geben werde, die uns die Welt in einem neuen Licht erscheinen lasse. Wir werden auf diese Weise eine Welt zu sehen bekommen, die absolut frei von Vorurteilen ist. Wir könnten jeden Menschen, dem wir begegnen, so sehen, wie er wirklich ist. Unsere derzeitige vorurteilsbehaftete Wahrnehmung ließe sich deshalb auch als eine konservative Wahrnehmung bezeichnen.

Die Wissenschaft der Gedankenführung
Band 1 Grundlagen

Schauen Sie sich nur einmal das Bild dieses Mannes an.

Scheint ziemlich ausgeflippt zu sein.

Jetzt folgt der Clou. Bei dem Herren, den Sie auf dem nebenstehenden Bild sehen, handelt es sich um den weltweit anerkannten und in diesem Buch bereits mehrfach erwähnten Hirnforscher Allan Snyder, Universitätsprofessor an der University of Sydney.

Allan Snyder setzt nicht nur mit seiner wissenschaftlichen Arbeit, sondern auch mit seinem äußeren Erscheinungsbild ein Zeichen gegen das vorurteilsbehaftete Denken.

Wir können diese unterbewussten vorurteilsbehafteten Denkroutinen, die kommen und gehen wie ein vorüberziehender Vogelschwarm, zwar nicht zurückverfolgen, doch gegebenenfalls können wir versuchen, bewusst gegen sie anzukämpfen.

Wie wir bereits wissen ist es möglich, dass wir mit unseren Gedanken, die Wirklichkeit regelrecht überschreiben können. Dies gilt insbesondere für unsere unterbewussten Gedanken, die nahezu alle unsere Handlungen initiieren.

Dies geschieht auf dem Wege der sogenannten Autosuggestion, deren Lehre im 19. Jahrhundert vom dem französischen Apotheker Émile Coué entwickelt wurde. Coué entdeckte, dass die Wirkung der

Die Wissenschaft der Gedankenführung
Band 1 Grundlagen

Medikamente, die er an seine Kunden ausgab, ganz wesentlich davon beeinflusst wurde, mit welchen Worten er sie überreichte. So gelangte er zu der Überzeugung, dass ein Mensch sein Wohlbefinden steigern könne, indem er sich selbst suggestive Formeln aufsagt und begründete die Lehre der Autosuggestion.

Mit autosuggestiven Methoden arbeitet auch die Therapie von Suchtkranken, unter anderem auch der britische Bestsellerautor Allan Carr zur Behandlung von Rauchern. Mit seinem Bestseller „Endlich Nichtraucher" und seinen ebenfalls gut besuchten Seminaren hat Allan Carr tausenden Rauchern dabei geholfen, sich erfolgreich von ihrem Laster zu befreien. In seinem Buch wiederholt er wie ein Mantra immer wieder die positiven Auswirkungen des Nichtrauchens. Die negativen Folgen des Rauchens hingegen werden zu Beginn des Buches nur eher beiläufig erwähnt. An diesem Umstand zeigt sich deutlich, dass es die positiven Gedanken sind, die Sie in Ihre eigene Autosuggestion aufnehmen sollten und keinerlei negative Gedanken.

Die Autosuggestion ist ein Prozess, bei dem eine Person eigenständig ihr Unterbewusstsein trainiert. Sie ist eine selbst eingeleitete Beeinflussung des Unterbewusstseins, die durch geistige Visualisierungen, Selbsthypnose, Meditation oder durch ständig wiederholte Affirmationen erreicht wird. Die wohl wichtigste Möglichkeit, das eigene Unterbewusstsein zu beeinflussen, ist die der geistigen Visualisierung, bei der Sie sich die positiven Auswirkungen Ihres in einem Gedanken verpackten Zieles so bildlich und so genau wie möglich vorstellen. Vor Ihren Augen sollte eine Art geistiger Film ablaufen.

Das Ziel der Übungen muss es sein, dass Sie diese positiven Überzeugungen nicht nur aufrichtig denken, sondern auch fühlen. Aus dem Gedanken muss ein positives Gefühl erwachsen. Je intensiver dabei das Gefühl ist, desto besser wird der neue Grundgedanke von ihrem Unterbewusstsein übernommen werden.

Die geistige Visualisierung, die sich bei jedem Menschen anders gestaltet, werden wir im folgenden Kapitel, in dem wir die Arbeit der hochbegabten Autistin Temple Grandin kennenlernen werden, noch einmal aufgreifen.

Zu den Anwendungsgebieten der Autosuggestion zählen das autogene Training, das mentale Training und das seit den Achtzigern propagierte positive Denken. Die Autosuggestion findet sich auch in den unterschiedlichsten religiösen, esoterischen oder okkulten Ritualen. Sie arbeitet damit, dass ein und derselbe Gedanke in Form der oben genannten Vorgehensweisen über eine längere Zeit gedacht oder laut wiederholt wird. Oft steht die Autosuggestion in einem engen Zusammenhang mit Entspannungstechniken. Diese Übungen werden solange wiederholt, bis der Gedanke zu einem festen Bestandteil des Unterbewusstseins geworden ist und somit auch unterbewusst dem Gedanken entsprechende Handlungen initiiert. Der Erfolg einer Autosuggestion wird umso wahrscheinlicher, je öfter und konstanter sie angewendet wird.

Mit Hilfe der Autosuggestion können Sie die zunächst entscheidende Wirklichkeit zweiten Grades gedanklich überschreiben. Auf diese Weise verschmelzen wie bei einem schönen Tagtraum Wunsch und Wirklichkeit.

Seine eigene Methode der Autosuggestion zu finden ist von außerordentlich großer Bedeutung. Denn nur auf diese Weise lässt sich das Unterbewusstsein effektiv beeinflussen. Und jeder, der beabsichtigt, sein eigenes Denken und damit auch sein Handeln nachhaltig zu verändern, muss in der Lage sein, sein Unterbewusstsein zu beeinflussen. Es ist schließlich das Unterbewusstsein, das über neunzig Prozent unserer gesamten Handlungen initiiert.

Welch ein gigantisches Potenzial im Verborgenen unseres Unterbewusstseins schlummert, zeigen uns eindrucksvoll die sogenannten Inselbegabten.

5. Die Welt der Inselbegabten

Noch allzu oft werden Menschen, die an einer psychischen Störung leiden, missächtlich als „Geisteskranke" bezeichnet. Im Mittelalter wurden sie als Hexen und Hexenmeister verfolgt und auf dem Scheiterhaufen verbrannt. Später wurden sie als Asoziale gemeinsam mit Kriminellen in Asylheimen und Arbeitshäusern weggesperrt oder gar für die Durchführung der abartigsten medizinischen Experimente am lebenden Menschen missbraucht. Ein humaner Umgang mit den „Geisteskranken" hat sich erst im Zuge der Aufklärung gegen Ende des 18. Jahrhunderts durchgesetzt.

Wer sich heute in einer psychiatrischen Klinik umschaut und dort mit den Patienten spricht, wird rasch feststellen, dass jeder, etwa durch einen Unfall, einen Gehirnschlag oder einen gewaltigen Schicksalsschlag, an einer psychischen Störung erkranken kann und infolge dessen in einer psychiatrischen Klinik untergebracht werden muss. Es gilt daher, Menschen, die unter einer geistigen Störung leiden, mit Würde und Respekt zu begegnen, auch wenn dies nicht immer einfach sein mag.

Heute erkennen wir ebenfalls, über welch erstaunliche Fähigkeiten mitunter Menschen verfügen, die an einer geistigen Störung leiden. Von ganz besonderem Interesse ist das unglaubliche Phänomen der sogenannten Inselbegabten oder auch Savants genannt. Die Savants leben in ihrer ganz eigenen Welt der Zahlen, Fakten und Systeme. Mehr als die Hälfte von ihnen sind von Geburt an autistisch und glänzen mit einem völlig banalen Faktenwissen. Bei anderen entsteht diese Fähigkeit erst nach einem Unfall, durch den das Gehirn Schaden genommen hat. Für Hirnforscher der ganzen Welt sind „die Wissenden" die wohl begehrtesten Testpersonen für wissenschaftliche Studien über die Weiten des menschlichen Gehirns.

Die Wissenschaft der Gedankenführung
Band 1 Grundlagen

Einer der mit Abstand bekanntesten Savants ist der 2009 verstorbene Rainman Kim Peek aus Salt Lake City, dessen Lebensgeschichte 1988 mit Dustin Hoffman und Tom Cruise in den Hauptrollen verfilmt wurde. Für die Verkörperung des autistischen Rainman erhielt Dustin Hoffman den Oskar für den besten Hauptdarsteller.

Kim ist zwar stark autistisch und gilt damit als geistig behindert, jedoch verfügt er wie alle Savants über verblüffend geniale, geistige Fähigkeiten. Doch auch bei Kim dauerte es eine lange Zeit, bis er nicht mehr als reiner Geisteskranker abgetan wurde. Somit hat sich Kim seinen durchaus bezeichnenden Spitznamen „Kim Computer" redlich verdient. Kim kann sich völlig ungefiltert an sämtliche Informationen erinnern, die er je in seinem gesamten Leben gelesen, gesehen oder gehört hat. So wurde er mit der Zeit zu einem wandelnden Universallexikon oder auch zu einem Computer, bei dem die Löschtaste fehlt. Bereits im Alter von vier Jahren konnte er ein gesamtes Lexikon nach nur einmaligem Lesen Wort für Wort auswendig. Bei einem Fernsehquiz wie „Wer wird Millionär" hätte er die Millionenfrage mit Leichtigkeit beantwortet und darüber hinaus noch einige passende Anekdoten zum Besten geben können. Doch trotz dieser außerordentlichen Begabung war Kim Peek nicht in der Lage, sich eigenständig ein Spiegelei zuzubereiten oder gar Auto zu fahren. So lebte er Zeitlebens bei seinem Vater Sam Peek.

Menschen wie der Rainman Kim werden deshalb als Savants und nicht als Genies bezeichnet, weil sie eben auch an einer geistigen Störung oder zumindest an kognitiven Defiziten „leiden". So waren

Die Wissenschaft der Gedankenführung
Band 1 Grundlagen

Kims Gehirnhälften von Geburt an nur minimal miteinander verbunden.

Doch ganz ohne Zweifel sind diese inselbegabten Menschen trotz oder vielleicht grade wegen ihrer geistigen Beeinträchtigung Genies. Heute gehen die allermeisten Forscher davon aus, dass viele der großen Meister, Dichter und Denker auch zum Kreise der Savants gehören. Dabei fallen immer wieder klingende Namen wie Albert Einstein, Isaak Newton, Sigmund Freud oder Alfred Hitchcock bis hin zu Wolfgang Amadeus Mozart und Ludwig van Beethoven. So sehen wir, dass auch die bekanntesten Genies unter einer Fehlfunktion des Gehirns „litten". Der anerkannte Hirnforscher Michael Fitzgerald vom Trinity Collage in Dublin ist gar der Überzeugung, dass erst dieser Defekt im Gehirn die oben genannten Persönlichkeiten zu Genies gemacht hat.

Ein ebenfalls sehr bekannter Savant ist Steven Wiltshire aus Großbritannien. Sein Spitzname lautet „The living Camera", die lebende Kamera. Auch Steven lebt wie alle Inselbegabten in seiner ganz eigenen Welt, in einer Welt der Bilder. Nach nur einem kurzen Hubschrauberflug über eine für ihn völlig fremde Stadt, kann er sie malen, maßstabsgetreu und mit sämtlichen Details. Dabei greift er zurück auf die exakte Erinnerung an den vergangenen Flug über die ihm bis dato völlig fremde Stadt, egal ob London, Rom oder Berlin. Während er über seinen ipod Discomusik der 70er Jahre hört, zeichnet er anschließend alles wie ein Foto auf eine übergroße Leinwand. Dazu benötigt er keinerlei Übung. Er kann es einfach.

Die Welt des Wunderkindes Matt Savange besteht hingegen nicht aus Bildern, sondern aus Zahlen und Musik. Im Alter von sieben Jahren erkannte er die mathematische Logik hinter den 88 Tasten eines Klaviers, und so brachte er sich das Klavierspielen bereits in jungen Jahren selbst bei. Er begann damit, eigene Jazzstücke zu komponieren. Er brauche nicht zu üben, um all das zu können, sagt Matt, die Musik sei einfach in ihm drin. Der bekannte Schauspieler und Jazzliebhaber Robert De Niro ist ebenfalls ein Liebhaber seiner Kompositionen.

Eine weitere interessante Persönlichkeit ist der Brite Howard Potter. Howard hat ein ausgeprägtes Interesse für Primzahlen und Fußballergebnisse. Er kennt sämtliche Ergebnisse mit etlichen Details von unzähligen Spielen. Dabei interessiert er sich nicht einmal für Fußball und kennt auch nicht die Regeln des Spiels. Die Ergebnisse unzähliger Spiele merkt sich Howard ohne jede Anstrengung, doch er ist nicht in der Lage, die Elfmeterregel zu erklären, denn ihn interessieren lediglich die Ergebnisse. Das Berechnen von mathematischen Wurzeln ist bei ihm zu einem täglichen Ritual geworden, das sein Gehirn beruhigt. Er durchforstet jedes Telefonbuch nach Primzahlen, doch zum Telefonieren ist er unfähig.

Hirnforscher vermuten, dass die Savants auf ihr, das uns bereits vertraute, Unterbewusstsein, den Speicher der gesamten Erinnerungen, zugreifen können, was als ursächlich für die entsprechende Inselbegabung angesehen wird. Zudem fehlt den Inselbegabten der unbewusste Filter für Details. Savants registrieren alle Details, von denen unser Unterbewusstsein die allermeisten als unwichtig herausfiltern würde. Erinnern Sie sich noch an das vorangegangene Beispiel vom Landei in der Großstadt? Nach und nach blendet sein unterbewusster Filter für Details alle anstrengenden Details, die das Großstadtleben mit sich bringt, aus. So kann er sich schnell immer besser zurecht finden. Fehlt unserem Landei nun dieser Filter für Details, wie bei den Savants, ist und bleibt die Großstadtwelt immer anstrengend.

Auf der unteren Abbildung beispielsweise sehen Autisten zuerst die zwölf einzelnen Buchstaben und nicht den großen ganzen Buchstaben.

```
   H   H
   H   H
   H H H H
   H   H
   H   H
```

Die Wissenschaft der Gedankenführung
Band 1 Grundlagen

Dr. Darold Treffert von der Wisconsin Medical Society, der sich seit Jahren wissenschaftlich mit dem Phänomen der Savants auseinandersetzt, ist einer der führenden Experten auf dem Gebiet der Wissenden. Er und Allen Snyder sind der Überzeugung, dass die genialen Fähigkeiten eines Savants, die er nie gelernt hat aber dennoch besitzt, in jedem von uns stecken. Dabei kommt Snyder zu der verblüffenden Erkenntnis, dass im Gehirn erst bestimmte Bereiche lahmgelegt werden müssen, um das Denkvermögen und auch die Kreativität zu steigern. Dies beweist er mit Hilfe eines Experiments, bei dem mit Hilfe von elektrischen Impulsen bestimmte Bereiche im Gehirn sprichwörtlich vom Netz genommen werden. Die Testpersonen zeigen nach diesem völlig schmerzlosen Eingriff eine deutlich gesteigerte Kreativität bei der Entwicklung von Lösungsstrategien. Doch laut Snyder unterdrückt das Gehirn diese Fähigkeiten absichtlich.

Snyder ist zudem der Ansicht, dass Savants die Welt so sehen, wie sie wirklich ist und begründet dies unter anderem mit dem fehlenden unbewussten Filter für Details. Wir hingegen würden eine Welt sehen, die ständig von unserem Unterbewusstsein zurechtgeschnitten wird.

Besonders beachtenswert ist die Arbeit von der US-Amerikanerin Temple Grandin, ebenfalls einer Inselbegabten. Auch ihr Leben wurde mittlerweile wie das des Rainmans verfilmt. Mit ihrer Arbeit regt sie Menschen dazu an, nicht nur über das menschliche Denken, sondern auch über das Denken von Tieren nachzudenken. Kühe und Rinder versteht die hochbegabte Autistin, die an der Universität in Colorado lehrt, sofort. Die menschliche Sprache ist ihr jedoch genauso fremd wie das Erkennen von unmissverständlicher Mimik in Gesichtern, wie etwa Freude oder Trauer.

Temple Grandin hat während ihrer Arbeit festgestellt, dass nicht jeder Mensch dazu in der Lage ist, sich eine bestimmte Situation, beispielsweise das Aufschließen der eigenen Haustüre und das Betreten der Wohnung, bildlich vorzustellen. Wenn Sie sich diese all-

Die Wissenschaft der Gedankenführung
Band 1 Grundlagen

tägliche Situation nicht ähnlich einem Film vorstellen können, dann gehören Sie zu dem kleinen Prozentsatz, der dazu nicht in der Lage ist.

Manche Menschen denken also grundlegend anders und kommen damit offensichtlich hervorragend zurecht. Diese Menschen verfügen nämlich meistens auch über andere besondere geistige Fähigkeiten, wie etwa der US-amerikanische Physiker und Origami-Künstler Robert Lang.

Robert Lang denkt dreidimensional. Er faltet aus einem einzigen DIN A4 großen Blatt Papier die erstaunlichsten Figuren, wie das folgende Bild zeigt.

Menschen wie Robert Lang denken in Modellen. Sie sind Musiker, Mathematiker oder Physiker, und sie finden sich an Orten wie dem kalifornischen Silicon Valley.

6. Die Gefühle

Unser Gehirn beherbergt nicht nur unsere intimsten Gedanken, sondern auch unsere Gefühle. Der Psychologe Carroll Izard hat genau zehn unterschiedliche Gefühle ausgemacht, die weltweit in jeder Kultur vorkommen: Interesse, Leid, Widerwillen, Freude, Zorn, Überraschung, Scham, Angst, Verachtung und das Schuldgefühl. Diese Gefühle lassen sich grob in Gefühle, die als positiv empfunden werden, und in Gefühle, die als negativ empfunden werden, unterteilen. Die Tatsache, dass wir eine derartige Unterteilung in gute und schlechte Gefühle vornehmen können, zeigt, dass unsere Gefühle immer auch einen bewertenden Charakter haben.

Sämtliche Emotionen bewerten die derzeitige Situation und gehen stets mit einer mehr oder weniger großen Veränderung der eigenen Verhaltensbereitschaft einher. Sie motivieren uns ständig dazu, bestimmte Handlungen vorzunehmen oder zu unterlassen. So können Gefühle wie Angst eine Warnung darstellen, die uns entweder zur Flucht oder zum Angriff motiviert.

Die menschlichen Gefühle fungieren also in erster Linie als Initiatoren von Handlungsabläufen. Auch bei der Frage der Selbstmotivation spielen unsere Gefühle folglich eine ganz entscheidende Rolle.

Abgesehen von der stets motivierenden Komponente haben unsere Emotionen noch zahlreiche weitere Funktionen:

1. Ein bestimmtes Gefühl in einem unserer Körperteile, etwa in unserem Bauch oder in unseren Gliedmaßen, zeigt uns an, ob wir uns in einer Situation wohlfühlen oder nicht.

2. Die menschlichen Gefühle und ihre körperlichen Affekte, wie etwa in dem Gesichtsausdruck einer Person, sind ein bedeutender Teil der zwischenmenschlichen Kommunikation.

3. Unsere Gefühle signalisieren uns, ob wir uns im Einklang mit den allgemeingültigen gesellschaftlichen Normen und Gebräuchen bewegen.

4. Bei einer körperlichen oder psychischen Belastung zeigen uns unsere Gefühle Überlastungen und Stresszustände an. Bei der Einschätzung der eigenen Gesundheit und somit auch in der Medizin deuten unsere Gefühle auf das Entstehen einer Krankheit hin, genauso wie auf eine beginnende Genesung.

5. Unsere persönlichen Vorlieben und unsere Fähigkeiten werden von unseren Gefühlen ganz wesentlich geprägt.

6. Die Gefühle haben einen maßgeblichen Einfluss auf die Entstehung der Wirklichkeit zweiten Grades. Sie fällen nach den Gedanken die letzte Entscheidung über die eigene Sicht der Welt. Man könnte sagen, dass wir unsere Welt immer mit einer Gefühlsbrille wahrnehmen.

7. Zudem sind die Gefühle eine Art Marker für unsere Erinnerungen. Jede unserer Erinnerungen wird mit einem Gefühl markiert. Je intensiver dabei die Gefühlsempfindung war, desto besser ist auch die Erinnerung an das entsprechende Ereignis.

8. Zu guter Letzt haben unsere Gefühle auch die Funktion, eine Bewertung der eigenen Gedanken vorzunehmen. Diese kognitive Komponente der Emotionen ist für unsere Fragestellung, wie denn nun die eigenen Gedanken am Besten zu führen sind, von ganz entscheidender Bedeutung.

Meistens entstehen Gefühle aus Gedanken, die eine Bewertung vornehmen. Doch auch unsere Gefühle selbst nehmen eine Bewertung vor. Unsere Gefühle bewerten auch immer unsere Gedanken, indem sie uns spüren lassen, ob wir ihnen weiter nachgehen sollten oder lieber nicht.

Jedes Gefühl, dass als positiv empfunden wird, zeigt an, dass Sie sich gedanklich auf dem richtigen Weg befinden. Jedes Gefühl, das hingegen als negativ empfunden wird, wie etwa Wut oder Missgunst, signalisiert Ihnen, dass Sie sich gedanklich auf einem Holzweg befinden.

Auf diese Weise gelingt es, die alles entscheidende Wirklichkeit zweiten Grades, die unser Gehirn entstehen lässt, positiv zu verändern. Das Nachgehen von Gedanken, die unsere Gefühle als negativ bewertet haben, führt hingegen unweigerlich zu einer negativen Veränderung der Wirklichkeit zweiten Grades und mit der Zeit auch zu einer negativen Veränderung der Wirklichkeit ersten Grades.

Vor diesem Hintergrund werden wir nun die Entstehung einzelner Gefühle näher betrachten und beginnen mit den beiden stärksten Gefühlen, der Liebe und dem Hass.

Die Liebe:
Die Liebe wird als das positivste Gefühl, das wir empfinden können, angesehen. Hirntechnisch gesehen bedeutet Verlieben jedoch nichts anderes als purer Stress. Wenn wir uns frisch verlieben, wird unsere Amygdala, der Panikschalter unseres Gehirns, aktiv. Unser Gehirn beginnt damit, eine Unmenge der verschiedensten Glückshormone wie Endorphine und etliche Botenstoffe, auch Neurotransmitter genannt, auszuschütten. Eben dieser Glückscocktail ist es, der dafür sorgt, dass wir uns verlieben und nach der anderen Person mit der Zeit regelrecht süchtig werden.

Die Wissenschaft der Gedankenführung
Band 1 Grundlagen

Der Hass und die Wut:
Die beiden verwandten Gefühle Wut und Hass empfinden wir als zutiefst negativ. Demzufolge bewerten diese Gefühle auch die entsprechenden Gedanken als zutiefst negativ und damit als absolut falsch.

Dennoch lassen sich auch den negativen Gefühlen wertvolle Funktionen zuschreiben.

Wer nie Wut, Hass oder Schmerz empfunden hat, wird auch nie Glück oder Liebe empfinden können. Es ist wichtig diese Gefühle zu kennen und ihren bewertenden Charakter anzuerkennen.

Fehlen diese negativen Empfindungen Angst und Wut gänzlich, fehlt ebenfalls die bewertende Komponente der Gefühle.

Das Glücksgefühl:
Bei der Empfindung von Glück schüttet das Gehirn Endorphine und die Neurotransmitter Dopamin und Serotonin aus. Die Ausschüttung dieser euphorisierenden Stoffe wird durch verschiedene Aktivitäten angeregt, wie etwa durch das Treiben von Sport, durch die Aufnahme von Nahrung oder auch durch das Vollziehen des Geschlechtsaktes.

Ein Glücksgefühl überkommt uns auch immer dann, wenn wir etwas Neues verstanden haben. Auch beim bekannten Aha-Effekt beginnt unser Gehirn damit, glücksbringende Endorphine und Neurotransmitter auszuschütten.

Der durch seine populärwissenschaftlichen Bücher sehr bekannte Göttinger Hirnforscher Gerald Hüther beschäftigt sich seit Jahren aus rein hirntechnischer Sicht eingehend mit dem Phänomen des Lernens. Hüther gelangt zu der Überzeugung, dass Lernen stets mit einem Gefühl gekoppelt ist. Begeisterung und Lernen seien eng miteinander verbunden. Je mehr wir uns für etwas begeistern können, desto einfacher fällt es uns auch, das entsprechende Wissen anzusammeln. Der rüstige Rentner, der sich Hals über Kopf in eine jung

Die Wissenschaft der Gedankenführung
Band 1 Grundlagen

gebliebene Schwedin verliebt, die aber ausschließlich nur Schwedisch sprechen kann, wird mit großer Freude und Begeisterung im Handumdrehen Schwedisch lernen. Denn immer wenn wir uns für etwas begeistern können, lernen wir geradezu spielend Neues dazu.

Fatal wird es jedoch, wenn jemand der festen Überzeugung ist, dass er etwas Spezielles, etwa Mathematik oder Grammatik, einfach nicht könne. Dies führt unweigerlich zu einer negativen Erwartungshaltung, bei der wiederum unsere Gefühle und unsere Hormone ins Spiel kommen.

So etwa im Fall des Mathematiklehrers, der seinem Schüler immer wieder auf ein Neues sagt, er sei in Mathe eine Niete. Früher oder später wird dieser Schüler der festen Überzeugung sein, er sei eine einzige mathematische Null. Die Rückgabe der Klassenarbeit erfolgt mit den üblichen Worten: „Tja, das war mal wieder nix." Die Erwartungshaltung des Schülers wird damit bestätigt: „Ich weiß, dass ich schlecht in Mathe bin." Gleichzeitig beginnt sein Gehirn fataler-weise damit, Glückshormone auszuschütten, denn seine Erwartungshaltung, dass aus der Mathematikarbeit nichts wird, hat sich schließlich bestätigt. Folgt nun aber nach langer Zeit die Rückgabe einer Klassenarbeit mit der Note „gut", bleibt die Ausschüttung dieser Glückshormone aus.

An diesem Beispiel des schlechten Mathematikschülers wird deutlich, wie wichtig es generell für die eigene Weiterentwicklung ist, welches geistige Bild jemand von sich selbst hat. Es ist nämlich letztlich dieses geistige Bild Ihrer Selbst, dessen Form Sie früher oder später tatsächlich annehmen werden. Buddha formulierte diese Erkenntnis wie folgt:

„Alles, was wir sind, ist das Ergebnis dessen, was wir zuvor gedacht haben."

Das Empfinden von Dankbarkeit:

Die Empfindung von Dankbarkeit ist ein sehr positives Gefühl, das scheinbar sehr viele Menschen verlernt oder sogar nie gelernt haben.

Goethe sagte über die Dankbarkeit: „Begegnet uns jemand, der uns Dank schuldig ist, gleich fällt es uns ein. Wie oft können wir jemandem begegnen, dem wir Dank schuldig sind, ohne daran zu denken." Denken Sie also nicht darüber nach, wer Ihnen Dank schuldig ist, sondern denken Sie daran, wofür Sie dankbar sein sollten.

Seien es die eigenen vier Wände, das Auto in der Garage oder die Tasse Kaffee und die Zeitung am Morgen, zu viele Annehmlichkeiten des modernen Lebens werden als eine Selbstverständlichkeit angesehen. Lernen Sie diese Annehmlichkeiten Ihres Lebens wertzuschätzen, indem Sie Dankbarkeit für diese Annehmlichkeiten empfinden, seien sie wie die Tasse Kaffee auch noch so klein.

Die Selbstverliebtheit:

Unter den Gefühlen tummeln sich auch falsche Freunde, wie die Selbstverliebtheit. Eine völlig übersteigerte Selbstverliebtheit eines Menschen äußert sich immer in einem rigorosen Machtstreben wie es etwa bei Diktatoren der Fall ist. Diese Gier nach Macht über andere Menschen als ein Auswuchs der Selbstverliebtheit, die fatalerweise als positiv empfunden wird, ist eines der größten Schwächen der gesamten Menschheit.

Wir finden sie nämlich nicht nur in diktatorischen Regimen, sondern auch in der uns alle beherrschenden Finanzwelt. Es ist die Gier nach Macht über Menschen, die einen Milliardär wie Rockefeller dazu antreibt, weitere Milliarden zu verdienen.

Die Wissenschaft der Gedankenführung
Band 1 Grundlagen

Die Intuition:

Ein weiteres uns wohl bekanntes Gefühl, über dessen vollen Umfang wir uns jedoch noch nicht vollkommen im Klaren sind, ist das Gefühl der Intuition.

7. Die Intuition

Die Intuition ist eine besonders wertvolle unterbewusste Funktion des menschlichen Gehirns, die die Forscher grade erst für sich entdeckt haben. Diese innere Eingebung ist eine Gabe von unschätzbarem Wert.

Die Gabe der Intuition ist eine Vorahnung zukünftiger Ereignisse, die sich zumeist als richtig erweist. Sie hilft uns, gegenwärtige Möglichkeiten und Potenziale zu erkennen und für uns zu nutzen. Und sie veranlasst uns mitunter sogar dazu, gegen vorgegebene Regeln und Vorschriften zu verstoßen.

Zwei spektakuläre Fälle, in denen Menschen richtigerweise gegen zeitraubende Vorschriften und Regeln verstoßen haben, sind die Apollo-Mission und die Notlandung des Flugzeugpiloten Chesley Burnett Sullenberger im New Yorker Hudson-River am 15. Januar 2009. Der erfolgreiche Start der Raumfahrtmission Apollo am 16. Juli 1969 wäre ohne die Intuition des Kommandanten Neil Armstrong wohl gescheitert. Der ehemalige Kampfpilot wechselte ohne irgendwelche zeitraubenden Vorschriften zu beachten auf Handsteuerung. Hätte er dies nicht getan, hätte der Bordcomputer die Kapsel in einem abschüssigen Krater abgesetzt. Ohne Neil Armstrongs Eingebung wäre die Raumkapsel wohl nie zurückgekehrt. Auch der Flugzeugpilot Sullenberger war wie der Astronaut Armstrong ein erfahrener Kampfpilot. Nach einem Ausfall der Triebwerke rettete Sullenberger dank seiner gut geschulten Intuition allen 155 Menschen, die sich zur Zeit des Unglücks an Bord der Maschine befanden, ihr Leben.

Doch trotz solch erfreulicher Beispiele bleibt die Tatsache bestehen, dass zwischen dem Erfolg und dem Versagen oft nur ein äußerst schmaler Grad liegt. In wirtschaftlichen und finanziellen Angelegenheiten ist es beispielsweise ganz besonders wichtig, über eine gute Intuition zu verfügen, um die zukünftigen Bedürfnisse des Marktes

Die Wissenschaft der Gedankenführung
Band 1 Grundlagen

erspüren zu können. Liegen Sie hier mit ihrer Intuition falsch, kann Sie das schnell teuer zu stehen kommen. Ganz besonders in Geschäftsangelegenheiten zeigt sich, dass wir auf eine gut geschulte Intuition mehr als angewiesen sind.

Bei der Entstehung unserer Intuition vollbringt unser Unterbewusstsein wahre Wunder. Es verarbeitet sämtliche abgespeicherten Informationen und kommt am Ende zu einer Schlussfolgerung, die uns letztlich wie ein Gefühl überkommt und uns sagt, was als nächstes zu tun ist. Dieses Gefühl einer Intuition überkommt Sie ständig und entscheidet in den allermeisten Fällen darüber, was Sie als nächstes tun werden, etwa ob Sie dieses Buch bis zum Ende lesen oder nicht. Die Intuition hat wie alle unsere Gefühle, stets einen bewertenden und motivierenden Charakter.

Auch beim bereits erwähnten automatischen Gesichts-Scan ist es unsere Intuition, die uns signalisiert, ob wir jemanden als vertrauensvoll einschätzen oder nicht. Unsere Intuition ist dabei bereits zu einem Ergebnis gekommen, lange bevor wir überhaupt damit beginnen, uns mit dieser Frage bewusst auseinanderzusetzen. Unseren Verstand setzen wir dann meist gar nicht mehr erst ein.

Unser Gehirn verarbeitet bei der Herausbildung der Intuition sämtliche abgespeicherten Informationen, sogar die Informationen, an die sich unser Bewusstsein gar nicht mehr erinnern kann, weil es diese Daten als schlicht unwichtig markiert und anschließend in das Unterbewusstsein mehr oder weniger ausgelagert hat. Doch unterbewusst sendet uns unsere Intuition unentwegt Botschaften, die uns bei jeder Entscheidung, die wir treffen, beeinflussen.

Die Intuition eines Menschen ist also nichts anderes als die Auswertung aller Erfahrungen und Erinnerungen, die er im Laufe seines gesamten Lebens angesammelt hat, ganz und gar unabhängig davon, ob er sich an diese nun bewusst erinnern kann oder nicht. Somit bestimmen die gesamten Erfahrungen und Erinnerungen unseres Lebens unsere Intuition und damit zumeist auch, was wir als nächstes tun werden.

An dieser Stelle erinnern wir uns noch einmal an die auf dem Cover dieses Buches abgebildete Nautilus, die ihr gesamtes Leben lang mit einer konstanten Rate wächst. Während sie unaufhörlich wächst, bildet sie ständig neue breitere Kammern in perfekter Proportionalität, die von einer Lebensader durchzogen werden. Auf diese Weise lässt die Nautilus ihre vorherigen Kammern zwar zurück, aber sie werden nie vergessen. Und so wie mit dem stetigen Wachstum der urzeitlichen Nautilus verhält es sich auch mit unseren Gedanken, unseren Erfahrungen, unseren Erinnerungen und damit auch mit unserer Intuition. Wir lassen alle unsere Gedanken, Erfahrungen und Erinnerungen früher oder später zurück, doch nichts bleibt je vergessen. Alles wird in unserem Unterbewusstsein abgespeichert und verbleibt dort unauslöschlich unser gesamtes Leben lang. Je intensiver dabei unsere Gefühle waren, desto schneller sind sie von unserem Unterbewusstsein wieder abrufbar.

Auf diese Weise gelangen wir an eine weitere wertvolle Erkenntnis.

Der Einzelne schult seine Intuition, indem er ständig neue Erfahrungen sammelt und dabei aus seinem gewohnten Umfeld ausbricht.

Das nun folgende kleine Beispiel verdeutlicht jedoch, dass bei der Schulung der eigenen Intuition das alleinige Ansammeln neuer Erfahrungswerte nicht ausreicht. Es bedarf zudem ständiger Wiederholungen, um bestimmte Abläufe tief in Ihrem Unterbewusstsein abzuspeichern. Erst dadurch werden wichtige Erfahrungswerte intuitiv schnell abrufbar. So verhält es sich auch bei Fahrradunfällen in Städten: In Städten, in denen viele Fahrräder unterwegs sind, ereignen sich weitaus weniger Unfälle mit Fahrradfahrern als in Städten, in denen ein eher geringer Fahrradverkehr herrscht. Das mag zunächst verwundern, doch je öfter das Gehirn des Autofahrers mit ihnen konfrontiert wird, desto schneller erkennt es sie intuitiv auch als Gefahr.

Die Wissenschaft der Gedankenführung
Band 1 Grundlagen

Die Intuition ist bei weitem nicht die einzige wichtige Funktion unseres Gehirns. Weitere wichtige Funktionen unseres Gehirns sind die Selbstbeherrschung und die Motivation. Diese beiden verwandten Funktionen lassen sich trainieren und bedürfen deshalb der genaueren Betrachtung.

8. Selbstbeherrschung und Motivation

In der „Marshmallow-Studie" über Selbstbeherrschung und Motivation, erstmals durchgeführt in einem Forschungskindergarten der Eliteuniversität Stanford bei San Francisco, wurden Vierjährige in eine äußerst schwierige Lage versetzt. Die Kinder setzten sich auf einen Stuhl, und der Testleiter stellte vor ihnen zwei Teller auf den Tisch. Auf den einen Teller legte er einen Marshmallow, auf den anderen legte er zwei und stellte das jeweilige Kind vor eine schwere Entscheidung: „Ich werde den Raum kurz verlassen, weil ich draußen noch etwas erledigen muss. Wenn du ohne mich zu rufen wartest bis ich gleich wiederkomme, bekommst du den Teller auf dem die zwei Marshmallows liegen. Wenn du nicht wartest, bis ich gleich von alleine wiederkomme, bekommst du nur den einen Marshmallow."

Einige Kinder verschlangen ihren Marshmallow, sofort nachdem der Testleiter die Tür geschlossen hatte. Andere Kinder begannen unterbewusst mit den lustigsten Verrenkungen. Auf diese Weise lenkten sich diese Kinder von den verführerischen Marshmallows ab. Diese Kinder standen später im Erwachsenenalter wesentlich erfolgreicher und glücklicher im Berufs- und Familienleben als die Kinder, die ihren Marshmallow sofort verschlungen hatten.

Die Gehirne der Kinder begannen damit, vollkommen unterbewusst eine ganz eigene Strategie zu entwickeln, um der Versuchung zu widerstehen. Irgendetwas schaltete in den kleinen Kinderköpfen auf Automatik und kam dabei zu erstaunlich guten Ergebnissen.

Ganz unterbewusst verlagerten die Kinder ihre Wahrnehmung, einfach nur weg von den Marshmallows, und damit auch ihre Aufmerksamkeit.

Diese Studie zeigt, dass die Methode „Zähne zusammenbeißen und durch" der falsche Denkansatz ist. Es geht sich darum, die eigene Aufmerksamkeit zu verlagern. Dies ist ein ganz entscheidender

Die Wissenschaft der Gedankenführung
Band 1 Grundlagen

Punkt. Wir können uns erfolgreich in Selbstbeherrschung üben, indem wir unsere Wahrnehmung und damit auch unsere Aufmerksamkeit verlagern.

Über die Frage, worauf wir unsere Aufmerksamkeit lenken, können wir ganz bewusst entscheiden. Dies bedarf mitunter einiger Willensstärke, wie etwa bei dem Betrachten des nebenstehenden Bildes. Betrachten Sie einmal nur die weiße Vase und ein anderes mal nicht die Vase, sondern nur die beiden schwarzen Gesichter. Eine durchaus knifflige Aufgabe. Beim Betrachten dieses Bildes ist es nahezu unmöglich, seine Aufmerksamkeit zu verlagern, weg von dem anderen Objekt.

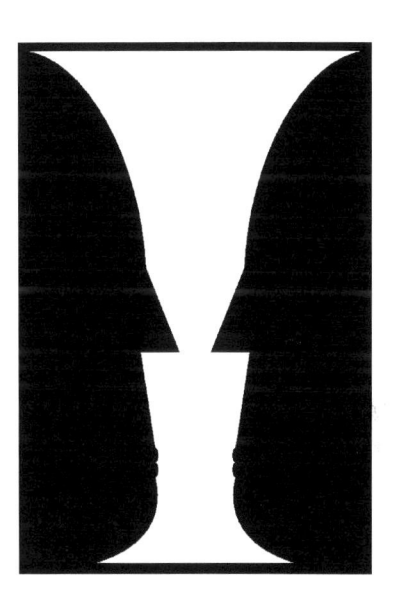

Auch Zaubertricks arbeiten stets mit der Verschiebung der Aufmerksamkeit.

Selbstbeherrschung und Motivation liegen eng beieinander. Auch wenn Sie sich zu etwas motivieren wollen, müssen Sie ihre Wahrnehmung und damit auch ihre Aufmerksamkeit verlagern. Doch wohin? Wie sollte das Ziel aussehen, auf das Sie ihre Aufmerksamkeit legen?

Erinnern wir uns noch einmal an die menschlichen Gefühle und an den Bestseller „Endlich Nichtraucher" von Allan Carr, das Tausende seiner Leser erfolgreich zu Nichtrauchern gemacht hat. Die positiven Folgen des Nichtrauchens werden ständig wiederholt, während die negativen Folgen des Rauchens nur in einem kleinen Absatz Erwähnung finden. Formulieren auch Sie alle ihre Ziele und Überzeugungen positiv. Seien Sie also nicht gegen die Nutzung von Atomkraft, sondern seien Sie für die ausschließliche Nutzung regenerativer

Energien. Seien Sie nicht gegen Kinderarbeit, sondern seien Sie für weltweit gerechte Arbeitsbedingungen. Seien Sie nicht gegen den verheerenden Klimawandel, sondern seien Sie für einen umfassenden Klimaschutz. Inhaltlich kommen beide Formulierungen jeweils zum selben Ergebnis.

Ganz entscheidend bei diesen unterschiedlichen Formulierungen ist jedoch nicht ihr jeweiliger Inhalt, sondern es ist der folgende Punkt: Bei der ersten Formulierung lenken Sie ihre Aufmerksamkeit auf das Problem, bei der zweiten, eindeutig besseren Formulierung, sehen Sie hingegen nur die Lösung. Somit haben wir auf der einen Seite ein klar problemorientiertes Denken und auf der anderen Seite ein klar lösungsorientiertes Denken. Wenn Sie nicht nur einen Eiertanz um Ihre Probleme aufführen wollen, müssen Sie damit beginnen, Ihre Probleme nicht mehr länger als Probleme zu bezeichnen, sondern als Situationen, zu deren Verbesserung oder Abhilfe es immer eine passende Lösung gibt.

Vermeiden Sie deshalb am besten gänzlich die Formulierung „Ich bin gegen...", sondern verwenden Sie stattdessen die Formulierung „Ich bin dafür, dass...". Schließlich ist die Wahl Ihrer Worte ein ganz entscheidendes Zeichen dafür, wie Sie selbst über die Dinge denken.

Auf diese Weise trainieren Sie Ihr lösungsorientiertes Denken. Auch die Anzahl Ihrer Probleme wird durch diese einfache Umformulierung bereits wesentlich schrumpfen, und Sie werden durch die rigorose Umstellung auf ein lösungsorientiertes Denken schneller zu den erforderlichen Lösungen gelangen und letztlich auch effektiver handeln können.

9. Vom Denken zum Handeln

Wenn Sie nach dem Lesen dieses Buches in einem hartem Training damit beginnen, Ihre Gedanken auf eine völlig neue Art und Weise zu führen, haben Sie den größten Schritt bereits unternommen. Doch wenn Ihre aufrichtig gedachten Gedanken nicht auch in irgendeiner Handlung münden, werden Sie lediglich ein Erbauer von Luftschlössern bleiben, und in Ihrem Leben wird sich trotz der geführten Gedanken nichts zum Besseren wenden. „Ein Gedanke, der nicht zu einer Handlung führt", so George Bernardo, „ist nicht viel, und eine Handlung, die nicht von einem Gedanken ausgeht, ist überhaupt nichts." Sie müssen also auch damit beginnen, entsprechend Ihrer neuen Gedanken zu handeln. Ansonsten bleiben Ihre Wünsche nur Seifenblasen, die in der Luft zerplatzen.

„Der eine wartet, dass die Zeit sich wandelt, der andere packt an und handelt.", sagte einst der italienische Dichter und Philosoph Dante Alighieri. Doch weitaus schlimmer und schädlicher für die Gesellschaft sind nicht die auf den Wandel der Zeit Wartenden, sondern es sind diejenigen, die ganz und gar unbedacht die anfallenden Problem anpacken und ebenso unbedacht handeln.

Ein anderes unerfreuliches Phänomen sind die selbsternannten Lehrmeister, die niemand zu Hilfe gerufen hat. Dies sind Menschen, die sich gerne ungefragt in die Lebensführung eines anderen Menschen einmischen, weil sie angeblich wissen, was für ihn das Beste sei. Diese Menschengattung ist im Allgemeinen nicht sehr beliebt bei ihren Mitmenschen. Das Bemerkenswerte ist, dass diese Menschen es selbst ebenfalls als unverschämt ansehen würden, wenn sich jemand ungefragt in ihre eigene private Lebensweise einmischt. Bereits der große chinesische Philosoph Konfuzius pflegte zu sagen:

„Fordere viel von dir selbst und erwarte wenig von anderen. So bleibt dir mancher Ärger erspart."

Die Wissenschaft der Gedankenführung
Band 1 Grundlagen

Beginnen Sie also am besten erst gar nicht damit, die Denkweisen anderer Menschen zu kritisieren, sondern nehmen Sie sie mit Humor und seien Sie ihnen einfach nur ein gutes Vorbild. Der irische Schriftsteller und Dichter Oliver Goldsmith sagte in diesem Zusammenhang: „Du kannst mit deinem Leben ein besseres Bekenntnis ablegen als mit deinen Lippen."

Der Göttinger Hirnforscher Gerald Hüther spricht davon, dass wir ein Umsetzungsproblem haben. Ich denke, dass das Problem bereits im fehlenden Wissen um die wertvollen Erkenntnisse der Hirnforschung liegt. Dieses Wissen über die Fähigkeiten des eigenen Gehirns ist in unseren Schulen leider nicht Teil eines Stundenplans. Es fehlt eine gezielte Vermittlung dieses Wissens. Nur derjenige, der über dieses Wissen verfügt, kann dieses Wissen letztlich auch umsetzen. Die Psychologin Carol Dwek hat mit zahlreichen Studien belegen können, dass eine Vermittlung von hirnwissenschaftlichen Erkenntnissen über die Intelligenz und den Prozess des Lernens an Schulen zu höheren Lernerfolgen bei den Schülern führt. Allein die neu gewonnene Überzeugung eines Schülers, in jedem Unterrichtsfach besser werden zu können, reicht oftmals aus, um seine Noten zu verbessern.

Doch die Kenntnis der neuesten Ergebnisse der Hirnforschung alleine reicht jedoch nicht aus. Diese Erkenntnisse müssen nicht nur gewusst, sondern auch umgesetzt werden. Wenn Sie also letztlich auch effektiv handeln wollen, dann müssen Sie ein großes Ziel vor Augen haben, das Sie sich selbst gesetzt haben und auf das Sie hinarbeiten. Das bedeutet, dass Sie zunächst in der Lage sein müssen, Ihr eigenes persönliches Ziel klar benennen zu können. Ohne ein klares Ziel vor Augen, das Ihrem Leben die Richtung vorgibt, werden Sie auch nicht die sich zahlreich bietenden Chancen sehen. So wusste schon der römische Philosoph, Naturwissenschaftler und Staatsmann Seneca:

„Wer den Hafen nicht kennt, für den ist kein Wind ein günstiger."

Das Erreichen dieses selbst gesteckten Zieles ist es, dass uns Befriedigung oder sogar Glück verschafft.

Psychologischen Studien zufolge spielen verschiedene Faktoren eine entscheidende Rolle bei der Erreichung des selbst gesetzten Zieles:

1. konkrete Formulierung des Ziels

Viele Menschen scheitern bereits daran, Ihr Ziel ganz konkret zu benennen. Dabei ist es gar nicht mal so schwer, das eigene große Ziel konkret zu benennen. Sportliche Betätigung, Abnehmen und Lernen sind durchaus erstrebenswerte Ziele, doch sie sind viel zu schwammig formuliert. Die Folge dieser schwammig formulierten Ziele ist die, dass die Strategien und Pläne, die daraus hervorgehen, ebenso schwammig und vage sind: „Wenn ich mein Ziel erreichen will, muss ich mein Bestes geben." Die Psychologin Heidi Grant Halverson ist der Überzeugung, dass diese vagen Formulierungen nachweislich „nicht zielführend" seien, sondern der beste Weg zur Mittelmäßigkeit.

Benennen Sie Ihr Ziel also so genau wie nur eben möglich. Welche sportliche Aktivität wird wann und wo ausgeübt, wie viel Kilogramm werden bis wann abgenommen, und was wird mit welchen Mitteln bis wann gelernt?

Nur so können Sie sich ein riesiges, genaues und motivierendes Bild Ihres Zieles ausmalen, das Sie geradezu magisch anziehen wird. Auf diese Weise gibt das genau geformte Bild Auskunft darüber, was Ihre Vision ist.

2. Der Faktor Zeit

Ort und Zeit möglichst genau zu benennen ist die wohl wirksamste Methode, die zum Gelingen eines Plans beiträgt. Dieser genaue Plan regt das Gehirn dazu an, die richtigen Verbindungen zu schaffen, die dabei helfen, dass der Plan auch eingehalten und umgesetzt wird. Sie werden sich, insbesondere bei kurzfristigen Zielen, nicht mehr fragen, warum Sie etwas tun müssen, sondern nur noch was Sie wann und wo zu erledigen haben. Dies bringt einen großen Vorteil mit sich: Sie reduzieren dadurch die Komplexität Ihres großen Zieles. Sie beginnen genau zu schauen, wie Sie von A, dem Anfang, über B, C und D bis hin zu Z, dem Ziel, gelangen.

3. Selbsterkenntnis

Ein weiterer wichtiger Faktor bei der Zielsetzung ist der Faktor der Selbsterkenntnis. Selbsterkenntnis setzt ein Mindestmaß an Selbstreflexion voraus.

Zur Erreichung Ihres Zieles benötigen Sie Willensstärke. Forschern zufolge gibt es jedoch eine psychologische Grenze der Willensstärke. Sie ist kein unerschöpfliches Reservoir der Kraft. Die eigene Willensstärke hat Grenzen. Werden Sie sich bei der Zielsetzung also auch über die Grenzen Ihrer eigenen Willensstärke bewusst.

Die gute Nachricht lautet: Die Willensstärke lässt sich, wie im Kapitel Selbstbeherrschung und Motivation beschrieben, trainieren. Wenn Sie Ihre Willensstärke auf diese Weise trainieren, werden Sie bald in der Lage sein, dauerhaft ein hohes Maß an Willensstärke aufrechtzuerhalten.

4. Realismus

Bleiben Sie stets realistisch. Dies gilt zum einen für die Zielsetzung und zum anderen für die Zielerreichung.

Bei der realistischen Einschätzung unserer Vorhaben helfen uns wiederum unsere Gefühle, sowohl die positiven als auch die negativen Gefühle. Wenn Sie sich vorstellen, wie die Folgen des Scheiterns aussehen können, können Sie sehen, was die möglichen Hindernisse auf Ihrem Weg zum Ziel sind. Erwarten Sie Rückschläge. Diese sind unvermeidbar. Je anspruchsvoller Ihr Ziel ist, desto mehr müssen Sie auch mit Rückschlägen rechnen.

5. Das Bedürfnis nach Autonomie

Nach der sogenannten Selbstbestimmungstheorie der Psychologen Edward Deci und Richard Ryan sollte das gesetzte Ziel der Befriedigung dreier menschlicher Grundbedürfnisse dienen, damit das erreichte Ziel dauerhaft glücklich macht: Autonomie, Kompetenz und Bezogenheit.

Wenn es um Ihre persönlichen Lebensverhältnisse oder um Ihre Ziele geht, möchten Sie naturgemäß so viel wie möglich selbst bestimmen. Dieses Streben nach größtmöglicher Autonomie ist ein menschliches Grundbedürfnis, das Sie bei Ihrer Zielsetzung beachten sollten.

Sie wollen leben und nicht gelebt werden. So schrieb es Walter Kohl, Sohn unseres ehemaligen Bundeskanzlers Helmut Kohl.

Psychologen haben in zahlreichen Studien beweisen können, dass bereits der Eindruck, dass das Ziel selbst gewählt wurde, ausreicht, um die eigene Kreativität und Ausdauer wesentlich zu erhöhen. Werden Sie autonom in Ihrem Ziel. Autonom bedeutet seinem Wortursprung nach „sich selbst Gesetzte geben".

Das Gesetz, das Sie sich selbst auferlegen, um ganz und gar autonom zu werden, ist das Ziel, auf dessen Erreichung Sie planmäßig hinarbeiten.

6. Das Bedürfnis nach Kompetenz

Das zweite Grundbedürfnis, das ein Glück von Dauer garantiert, ist der Faktor Kompetenz. Das Bedürfnis nach Kompetenz bedeutet, die eigene Wirksamkeit zu erfahren. Es ist der Wunsch, seine Umwelt mit seinen Fähigkeiten in irgendeiner Form zu beeinflussen. Es ist der tief im Menschen verwurzelte Wunsch, seine Umwelt durch seine speziellen Fähigkeiten zu formen.

Wie wollen Sie Ihre Umwelt mit Begeisterung formen?

7. Das Bedürfnis nach Bezogenheit

Das dritte und letzte Grundbedürfnis ist der Faktor Liebe oder auch Bezogenheit. Es ist das Verlangen zu lieben und geliebt zu werden. Es ist das menschliche Grundbedürfnis nach innigen und intensiven Beziehungen zu anderen Menschen. Dieser Wunsch nach Bezogenheit ist der Grund, weshalb wir in Vereine gehen und uns auf Partys und in sozialen Netzwerken wie Facebook tummeln. Bedenken Sie auch dieses dritte Grundbedürfnis nach Bezogenheit bei Ihrer persönlichen Zielsetzung, um ein dauerhaftes Glück nach Erreichen des Zieles zu erlangen.

8. Die Entfaltung des vollen Potenzials

Es geht bei der Setzung des persönlichen Zieles nicht darum, anderen, etwa durch das Erlangen irgendeines Doktortitels, imponieren zu wollen. Es geht darum, dass Sie Ihr volles Potenzial entfalten, auch beim Erreichen eines Doktortitels.

Die Wissenschaft der Gedankenführung
Band 1 Grundlagen

Die Psychologin Carol Dwek von der Universität Stanford hat herausgefunden, dass es zwei grundverschiedene Überzeugungen gibt, nach denen Menschen ihre eigenen Fähigkeiten und Talente bewerten:

Glauben Sie persönlich, dass Sie nun mal so sind, wie Sie sind, oder glauben Sie, dass alles veränderbar ist, die Sprache, die Fitness, das Gedächtnis und vieles mehr?

Die erste Gruppe nennt Carol Dwek „Eigenschaftstheoretiker", die zweite Gruppe nennt sie die „Zuwachstheoretiker". Spätestens nach dem Lesen dieses Buches sollten auch Sie zur Gruppe der Zuwachstheoretiker gehören. Zuwachstheoretiker sehen ihre anspruchsvoll gesteckten Ziele nicht als eine drohende Überforderung, sondern als eine Chance zum Wachstum. Auch durch Rückschläge, die bei einem anspruchsvollen Ziel nahezu unvermeidlich sind, lassen sich diese Menschen nicht zurückschrecken.

Der Anspruch an Sie selbst als Zuwachstheoretiker sollte daher lauten: „Schwierig, aber machbar." So haben es zumindest die Psychologen Edwin Locke und Gary Latham nach einer umfangreichen Studie formuliert. Laut Locke und Latham setzten Sie durch hoch gesteckte und klar definierte Ziele den sogenannten Effekt der Hochleistungsspirale in Gang. Achten Sie nur darauf, dass Sie bei Ihren hoch gesteckten Zielen realistisch bleiben.

Es bedarf allerdings eines harten Trainings, um alte Gewohnheiten abzulegen und durch neue, gut durchdachte und zielführende Gewohnheiten zu ersetzten. Das Gleiche gilt natürlich ganz besonders für das alte gewohnheitsmäßige Denken.

Doch bereits das Hinarbeiten auf Ihr Ziel wird Sie rasch zufriedener, glücklicher und selbstbewusster machen. Auf diese Weise folgt einem anspruchsvollen Ziel ein noch anspruchsvolleres.

Medizin

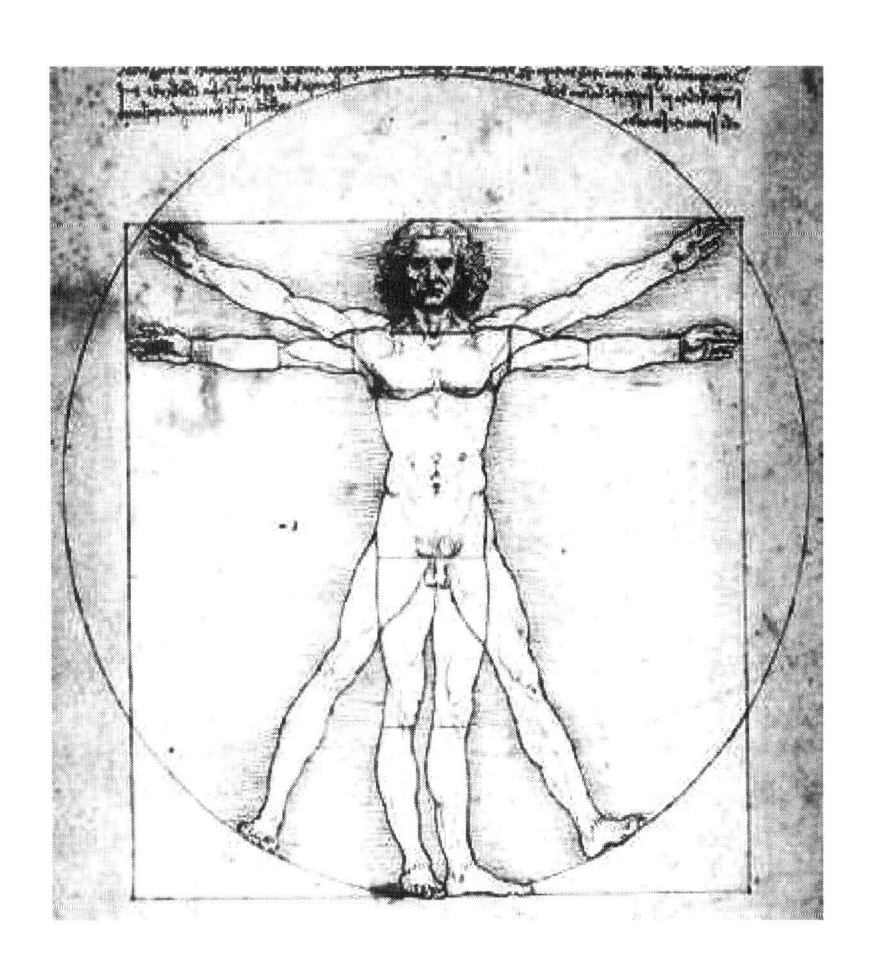

Kapitel 6

Medizin

Im Bereich der Medizin interessieren uns im Wesentlichen zwei Prozesse unseres Körpers, die auch mit unseren Gedanken zusammenhängen.

Das ist zum einen der Prozess des Erkrankens und zum anderen der sich anschließende Prozess der Genesung.

So schauen wir zunächst auf psychisch bedingte körperliche Leiden und im Anschluss auf den sogenannten Placeboeffekt.

Die Wissenschaft der Gedankenführung
Band 1 Grundlagen

1. Psychisch bedingte körperliche Leiden

Eingehend in die Auseinandersetzung mit psychisch bedingten körperlichen Leiden müssen wir zunächst festhalten, dass psychische Erkrankungen, wie Depressionen oder Stress-Erkrankungen, seit Jahren rasant zunehmen.

Kommt es im Leben der Betroffenen dann früher oder später zu einer schwerwiegenden Krise, gehen sie völlig an ihr zu Grunde. Es ist daher von besonderer Wichtigkeit, seinen eigenen Geist so zu trainieren, dass man den alltäglichen Stresssituationen so gut wie möglich gewachsen ist. Noch zu viele Menschen beschränken sich darauf, ihren Körper durch Sport und richtige Ernährung widerstandsfähiger gegen mögliche Krankheiten zu machen und vernachlässigen dabei ganz und gar das richtige Training für ihren Geist.

Körper und Geist bilden eine unzertrennliche Einheit, wobei es letztlich der Geist ist, der den Körper formt. Der Geist ist es, der entscheidet, welche Nahrung dem Körper zugeführt und in welchem Umfang Sport getrieben wird.

Die Einheit von Körper und Geist lässt sich bereits durch zahlreiche Redewendungen veranschaulichen. So heißt es in einem Zustand höchster Angst: „Mir schlägt das Herz bis zum Halse" oder „Ich habe einen Kloß im Hals". Bei besonders großem Liebeskummer „bricht einem das Herz", und derjenige, der sich schämt oder wütend wird, läuft rot an. Insbesondere unsere Stimme variiert stark entsprechend der eigenen Gefühlslage. Unsere Stimme verrät unsere Gefühlslage genauso wie unsere gesamte Sprache.

Die unzertrennliche Einheit von Körper und Geist manifestiert sich zudem in einigen Krankheitsbildern, bei deren Entstehung oder in deren Verlauf der Geist eine maßgebliche Rolle spielt. Doch nicht jede Erkrankung ist, wie es etwa Scientologen behaupten, einem falschen Denken geschuldet. Es gibt zahlreiche Erkrankungen, deren Auslöser nicht in den Gedanken zu suchen ist. Bei anderen körperlichen Erkrankungen wie dem Ulkusleiden wird hingegen ein psychisches Problem als krankheitsauslösend angesehen.

Das Ulkusleiden ist ein Gewebedefekt im Zwölffingerdarm, der zu Oberbauchbeschwerden, Nüchternschmerz und starker Übelkeit führt. Meist verläuft es chronisch und in wiederkehrenden Phasen. Das Ulkusleiden ist eng verbunden mit psychosozialen Belastungen wie sie bei einer beruflichen oder privaten Überforderung auftreten.

Die Betroffenen scheinen deshalb schlecht mit beruflichem und privatem Stress umgehen zu können, weil sie einen starken Drang zur Unabhängigkeit eines selbstbestimmten Lebens und gleichzeitig aber auch zu einer Abhängigkeit verspüren. Dadurch gerät der Betroffene in einen fortwährenden inneren Konflikt, der ihn regelrecht zermürbt und als ursächlich für das Entstehen des Ulkusleidens angesehen wird.

Ein weiteres körperliches Leiden, für dessen Entstehung und Verlauf psychische Symptome maßgeblich verantwortlich sind, ist das sogenannte Morbus Crohn, eine chronische Entzündung, die vom Dünndarm ausgeht. Regelmäßig macht es sich bemerkbar, mit Durchfällen, Fieber, Bauchschmerzen sowie Appetit- und damit auch Gewichtsverlust. Nur selten heilt es wieder aus. Als Auslöser stehen psychosomatische Faktoren, wie erhebliche Trennungsängste, im Verdacht. So wird die Behandlung des Morbus Crohns zumeist mit psychotherapeutischen Maßnahmen unterstützt.

Vom geplagten Verdauungstrakt geht es nun weiter zu den Atemwegen. Das Asthma Bronchiale ist eine spastische Kontraktion der Bronchialmuskulatur, bei der sich reichlich Schleim ansammelt. Neben anlagebedingten Ursachen scheinen auch Störungen der frühen Mutter-Kind-Beziehung als ursächlich für die Erkrankung.

Auch über die Haut können Erkrankungen der Psyche sichtbar werden. So wirken psychische Faktoren auch bei der Entstehung von

Die Wissenschaft der Gedankenführung
Band 1 Grundlagen

Neurodermitis mit, einer immer wiederkehrenden juckenden Hauterkrankung. Bei ihr haben die Betroffenen einen Mangel an emotionaler Zuwendung in der Kindheit beschrieben, zugleich aber auch eine äußerliche Überfürsorge. Viele wirken in ihrer ganzen Persönlichkeit eher zurückhaltend, empfindsam und kontaktscheu. Neben der dermatologischen Behandlung der betroffenen Hautstellen werden die Patienten zumeist psychotherapeutisch begleitet.

„Ein ungeübtes Gehirn ist für die Gesundheit schädlicher als ein ungeübter Körper.", sagte der bereits erwähnte irische Schriftsteller und Dichter George Bernard Shaw. Wir behalten dieses Zitat im Kopf, wenn wir uns nun dem Placeboeffekt zuwenden.

2. Der Placeboeffekt

Bereits zu vorgeschichtlicher Zeit wurden Kranke durch reines Besprechen behandelt. Der griechische Philosoph Platon war der Überzeugung, dass Worte durchaus die Kraft besitzen, Menschen zu heilen. Platon legitimierte somit die medizinische Lüge des Placebos. Es sei vollkommen in Ordnung, dass schwerkranken Patienten wider besseren Wissens das Gefühl gegeben wird, dass es noch Chancen auf eine Heilung gäbe oder dass seine Krankheit bei weitem nicht so schlimm sei, wie er vielleicht denke.

Doch Platons Überzeugung widerspricht der seit jeher gängigen Vorstellung von einer guten ärztlichen Behandlung. Hippokrates, ein überragender Mediziner seiner Zeit, war der Meinung, dass man den Erfolg einer verabreichten Arznei nicht an dem persönlichen Bemühen des behandelnden Arztes festmachen kann, sondern ausschließlich an der strikten Befolgung der Regeln der ärztlichen Kunst.

Heute klärt der behandelnde Arzt seine Patienten umfänglich über die festgestellte Erkrankung und die weitere Behandlung auf: „Wir haben bei ihnen ein äußerst bösartiges Krebsgeschwür entdeckt, das sich bereits im Endstadium befindet. Zum heutigen Tage gibt es noch keine Behandlung, die in der Lage ist den tödlichen Verlauf dieser Erkrankung aufzuhalten. Aller Wahrscheinlichkeit nach werden sie noch zwei, vielleicht auch noch drei Jahre zu leben haben." In rechtlicher Hinsicht mag sich der behandelnde Arzt mit dieser Aussage abgesichert haben, doch aus rein medizinischer und natürlich aus hirntechnischer Sicht ist diese Aussage, wie bereits Platon wusste, höchst fatal.

Aber was ist dieser heilbringende Placeboeffekt? Der Placeboeffekt, der auch für das Bewirken zahlreicher religiöser Wunder verantwortlich gemacht wird, basiert auf der Verabreichung eines Placebos. Ein Placebo im engeren Sinne ist eine Scheinarznei, die selbst keinen

Arzneistoff enthält und daher auch keine pharmakologische Wirkung entfalten kann. Im weiteren Sinne sind mit Placebos auch andere Scheininterventionen, wie etwa eine Scheinoperation, gemeint.

Der Placeboeffekt ist eine Verbesserung des subjektiven Befindens und von messbaren körperlichen Funktionen, die der vorangegangenen Scheinbehandlung zugeschrieben werden.

Besonders interessant ist die Tatsache, dass der Placeboeffekt nicht nur bei Scheininterventionen auftritt, sondern auch bei richtigen medizinischen Eingriffen. Auf diese Weise hat der Placeboeffekt einen mehr oder weniger großen Einfluss bei jedem Behandlungserfolg, der auf einer ärztlichen Intervention beruht. Deshalb werden heute nicht grade selten reine oder ergänzende Placebotheraphien in der klinischen Praxis eingesetzt. Besonders groß ist der Erfolg einer Placebotherapie bei der Linderung von Schmerzen.

In der Vergangenheit konnten sich die Forscher nur ansatzweise erklären, wie der Placeboeffekt seine heilbringende Wirkung entfaltet. Das hat sich mit der Jahrtausendwende jedoch grundlegend geändert. Die Hirnforscher konnten mit Hilfe der neuesten Tomographentechnik bei Personen, die für Placebos zugänglich waren, eine enorm hohe Ausschüttung des Botenstoffes Dopamin feststellen. Der erhöhte Dopamin-Spiegel ist der Grund, weshalb der Glaube an Heilung mitunter mehr bewirkt als die Einnahme einer Arznei. Der Placeboeffekt ist mittlerweile fester Bestand in medizinischen Grundvorlesungen an deutschen Universitäten. Auch Schamanen und Heilpraktiker wissen um die Macht des heilbringenden Placeboeffektes. So führt sehr häufig bereits eine reine Schein-Akupunktur zum gewünschten Behandlungserfolg.

Das Gegenstück des Placeboeffektes ist der Noceboeffekt. Der Noceboeffekt ist eine negative Reaktion des Kranken, die nicht auf die Wirkung oder Nebenwirkung der Behandlung, sondern alleine auf ihren psychosozialen Kontext zurückzuführen ist.

Die Wissenschaft der Gedankenführung
Band 1 Grundlagen

Wenn wir nun die gewonnenen Erkenntnisse über unsere Gefühle aus dem Kapitel Psychologie und Neurologie auf den Placeboeffekt übertragen, dann bedeutet dies, dass Sie sich im Falle einer Krankheit, sei sie auch noch so verheerend, ausschließlich die positiven Folgen einer eintretenden Genesung vor Augen führen sollten.

Es gilt der Grundsatz: Körper und Geist bilden eine unzertrennliche Einheit.

Naturwissenschaften

Kapitel 7

Naturwissenschaften

Die bisherigen Wissenschaften haben uns bei der Herausarbeitung der Grundlagen der Gedankenführung bereits große und entscheidende Schritte vorangebracht.

Abschließend werden nun auch die Naturwissenschaften ihren wichtigen Beitrag zur Herausarbeitung der Grundlagen leisten.

Von besonderem Interesse sind im Bereich der Naturwissenschaften die Physik, vertreten durch Albert Einstein, sowie die Biologie und die Genetik.

Die Wissenschaft der Gedankenführung
Band 1 Grundlagen

1. Einstein über Energie

$$E=mc^2$$

Albert Einsteins wohl bekannteste Formel der Welt besagt wörtlich übersetzt folgendes: Die Ruheenergie eines Körpers ist gleich seiner Masse multipliziert mit dem Quadrat der Lichtgeschwindigkeit.

Bei dem Quadrat der Lichtgeschwindigkeit handelt es sich um eine feste Größe. Die Lichtgeschwindigkeit ist immer gleich. Die Energie und die Masse hingegen sind veränderbare Größen. Mathematisch gesprochen sind diese beiden Größen äquivalent. Das bedeutet für die physikalische Wirklichkeit, also die Wirklichkeit ersten Grades, dass die Masse nichts anderes als konzentrierte Energie in ihrem Urzustand ist.

Alles, das eine Masse hat, ist Energie in ihrem Ruhezustand. Alles, was uns umgibt, ist Masse, also nicht transformierte Energie in konzentrierter Form. Dabei nimmt diese immer gleiche Energie die unterschiedlichsten Formen an: einen Stein, einen Baum, einen ganzen Regenwald, einen treuen Hund oder eine Katze.

Die höchste Form, die diese Energie annehmen kann, ist die eines Menschen mit seinem einzigartigen Gehirn. Somit bekommt die immer gleiche Ursubstanz, von der die Monisten unter den Philosophen sprechen, einen neuen Namen: Energie.

Alles ist Energie in den unterschiedlichsten Formen.

Auch beim Prozess des Denkens wird Masse, überwiegend energiereicher Zucker, in Energie umgewandelt, die dann als ein Denkvorgang freigesetzt wird. Diese Energie, die das Gehirn freisetzt, lässt sich messen.

Vor diesem Hintergrund ließe sich der Relativitätstheorie von Albert Einstein eine weitere Theorie hinzufügen:

Energie = Gedanke

Diese stets gleiche Energie, die es vermag zu denken, muss bestimmten fest vorgegebenen Regeln gehorchen. Diesen festen Regeln, den Naturgesetzen, muss diese Energie gehorchen, denn sonst könnte unser Universum, so wie wir es kennen, überhaupt nicht existieren.

Wenn diese Energie fest vorgegebenen Regeln gehorchen muss, dann müssen unsere Gedanken, ebenfalls Energie, auch festen Naturgesetzen unterworfen sein.

Die Energie unserer Gedanken lässt sich in Frequenzen messen. Jeder Gedanke sendet eine andere Frequenz aus. Auf diese Weise muss sie auf Energie einwirken können. Die Energie beeinflusst sich gegenseitig. Die alles entscheidende Frage ist also, nach welchen naturgegebenen Gesetzen sich die Energie gegenseitig beeinflusst.

Seit der Neugeistbewegung wird vermehrt von einem Gesetz der Anziehung oder auch dem Resonanzgesetz gesprochen, nach dem Gleiches Gleiches anzieht. Diese Annahme bezieht sich auf das Verhältnis zwischen den Gedanken und Gefühlen einer Person zu ihren persönlichen Lebensumständen.

Das Resonanzgesetz geht also von einer Analogie zwischen Denkvorgängen und äußeren Einflüssen aus. Wenn dieses Gesetz tatsächlich stimmt, eröffnet dieses unumstößliche Naturgesetz jedem seiner Nutzer geradezu unglaubliche Möglichkeiten. Ob dieses Gesetz tatsächlich existiert, ist bis heute nicht bewiesen, sondern bleibt eine Theorie.

Die frohe Botschaft lautet nun: Wenn Sie nur die zuvor herausgearbeiteten Grundsätze befolgen, dann wird auch das Resonanzgesetz, wenn es denn wirklich bestehen sollte, für Sie arbeiten.

2. Biologie und Genetik

Im Bereich der Biologie, der Wissenschaft des Lebens, interessiert uns insbesondere das Prinzip des Wachstums, das der Natur innewohnt. An dieses unaufhörliche Wachstum als ein Teil der Natur erinnert uns symbolisch die mit konstanter Rate wachsende Nautilus.

Das Prinzip des Wachstums veranschaulicht ein Samen, der zum Keimen in die Erde gesetzt wird. Der Samen, der selbst nicht lebt, sondern Leben in sich trägt, wird aktiv und beginnt zu wachsen. Nach dem Gesetz des Lebens erzeugt dieser Samen etliche weiterer Samen. Auf diese Weise multipliziert sich das Leben mit dem Leben selbst. Es wächst unaufhörlich, und es muss unaufhörlich weiterwachsen, wenn es überhaupt bestehen will. So heißt es in einem alten Jüdischen Sprichwort treffend:

„Wenn du nicht wächst, wirst du kleiner."

Das Prinzip des unaufhörlichen Wachstums, das alles Leben in sich trägt, lässt sich ohne weiteres auch auf unsere eigenen Gedanken übertragen. Auch bei unseren Gedanken unterliegen wir geradezu hilflos dem natürlichen Prinzip des unaufhörlichen Wachstums.

Auf jeden Gedanken, den wir denken, folgt ein weiterer Gedanke, und auf jedes Erlernte folgt das Erlernen weiterer Erkenntnisse. Unser Bewusstsein genauso wie unser Unterbewusstsein erweitern sich ständig und unaufhörlich.

Wenn Sie eine gute Idee haben, dann schreiben Sie diese Idee auf, und Sie werden sehen, dass Sie bald das ganze Blatt vollgeschrieben haben werden. So folgt eine gute Idee der anderen.

Dass das biologische Prinzip des Wachstums auch dem menschlichen Geist innewohnt, zeigen die zahlreichen, bahnbrechenden, wissenschaftlichen Errungenschaften, wie nicht zuletzt die Entschlüsselung des genetischen Codes.

Das walisische Bergschaf Dolly, das am 5. Juni 1996 das Licht dieser Welt erblickte, beweist, dass es mittlerweile seit Jahren problemlos möglich ist, Lebewesen und damit natürlich auch Menschen zu klonen.

Die unglaublichen Fähigkeiten des menschlichen Geistes werden an diesem Beispiel besonders deutlich. Zudem wirft es die Frage auf, wo die Grenze des Wachstums für den menschlichen Geist liegt, wenn es sie denn überhaupt gibt.

Der Mensch unternimmt Wanderungen auf dem Mond, surft mit hochtechnisierten Mobiltelefonen durch das weltweite Netz und ist in der Lage, Lebewesen zu klonen. So scheint es für den menschlichen Geist ganz offenbar keine Grenzen des Wachstums zu geben. Der menschliche Geist wächst unaufhörlich, und er tut dies mit einer derart rasanten Geschwindigkeit, dass einem dabei ganz schwindelig werden kann.

Der menschliche Geist kennt keine Grenzen.

Und auch in Ihrem Geist ist das Prinzip des unaufhörlichen Wachstums fest verankert und die einzige Person, die dieses Wachstum begrenzen kann, sind Sie. Nur Sie.

Ihre persönlichen Ziele bestimmen die Grenzen Ihres eigenen Wachstums. Falls Sie Ihre persönlichen Ziele also zu niedrig stecken und dann mit Leichtigkeit erreichen, werden Sie nie entdecken können, dass es auch für Ihr Wachstum keinerlei Grenzen gibt, außer vielleicht denen, die Sie zuvor selbst gezogen haben.

Die Wissenschaft der Gedankenführung
Band 1 Grundlagen

Sie können selbst entscheiden und planen, in welche Richtung Sie wachsen. Diese wichtige Entscheidung sollten Sie keinesfalls anderen Menschen überlassen. Nur Sie allein können die Grenzen und damit auch die Möglichkeiten Ihres geistigen Wachstums richtig setzten. Diese wichtige Entscheidung kann und sollte Ihnen niemand abnehmen.

Zusammenfassung der Grundlagen

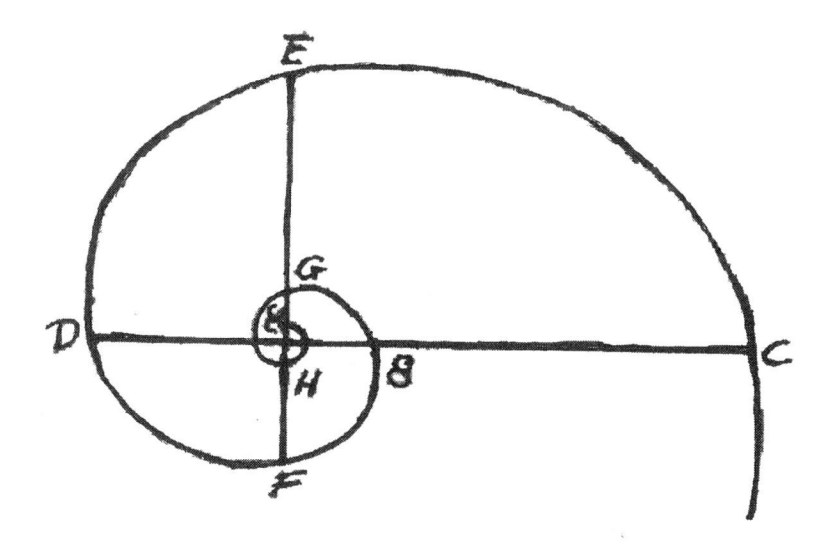

Kapitel 8

Zusammenfassung der Grundlagen

Die Wissenschaft der Gedankenführung zeigt auf, auf welche Art und Weise die eigenen Gedanken zu führen sind, um zum einen in jeder Situation effektiv und vernünftig handeln zu können und zum anderem, um zu einem erfolgreichen und glücklichen Menschen zu werden. Zu diesem Zweck wertet die Wissenschaft der Gedankenführung die Erkenntnisse aller fest etablierten Wissenschaften aus und vernetzt diese miteinander.

Das grundlegende Ergebnis dieser Vernetzung sind die folgenden zehn Maximen der Gedankenführung:

§ 1 Lebensführung
Sie können sich nur selbst ändern und keinen Ihrer Mitmenschen. Das ungefragte Einmischen in die Lebensführung eines anderen Menschen, sei er auch noch so vertraut, sollte gänzlich vermieden werden. Dies geschieht, indem die Rolle eines Vorbildes angenommen wird und nicht die Rolle eines großen Lehrmeisters, der sich stets ungefragt einmischt. Erwarten Sie viel von sich selbst und nur wenig von anderen.

§ 2 Der Sinn des Lebens
Der Sinn des Lebens liegt ganz schlicht und ergreifend im Leben selbst.

§ 3 Die Wirklichkeit
Jedes Gehirn fabriziert sein ganz eigenes Bild der Wirklichkeit. Es gilt bei der Wahrnehmung der eigenen Wirklichkeit zwischen einer Wirklichkeit ersten Grades

und einer Wirklichkeit zweiten Grades zu unterscheiden. Die Wirklichkeit ersten Grades, wie etwa physikalische Maßeinheiten, sind gedanklich nicht direkt beeinflussbar. Die alles entscheidende Wirklichkeit zweiten Grades, wie unsere Gefühle und unsere Weltanschauung, lässt sich jedoch ohne weiteres mit unseren Gedanken überschreiben. Hierzu müssen festgefahrene unterbewusste Denkroutinen überwunden und durch neue ersetzt werden. Gelingt dies, wird sich mit der Zeit auch die Wirklichkeit zweiten Grades an die Wirklichkeit ersten Grades annähern.

§ 4 Das Unterbewusstsein

Unsere Denkroutinen und nahezu alle Handlungen werden vom Unterbewusstsein initiiert. Daher lässt sich das eigene Denken nur dadurch nachhaltig verändern, indem das Unterbewusstsein beeinflusst wird. Dies geschieht vornehmlich mit der Hilfe von autosuggestiven Visualisierungen. Bei der geistigen Visualisierung stellen Sie sich die positiven Auswirkungen Ihres in einem Gedanken verpackten Zieles so bildlich und so genau wie nur möglich vor. Vor Ihren Augen sollte eine Art geistiger Film ablaufen.

§ 5 Die Sprache

Achten Sie auf Ihre sprachlichen Formulierungen. Sie geben Aufschluss über Ihre Denkmuster. Deshalb sollten stets positive Formulierungen verwendet werden und keinerlei negativen. Diese positiven Formulierungen fördern Ihr lösungsorientiertes Denken enorm.

§ 6 Die Gefühle

Die Gefühle nehmen immer auch eine Bewertung der eigenen Gedanken vor. Gefühle, die wir als positiv empfinden, zeigen uns an, dass wir gedanklich richtig liegen. Negative Gefühle zeigen uns hingegen, dass wir diesen Gedanken nicht weiter nachgehen sollten.

§ 7 Lebensziele

Wir müssen uns ständig in Selbstbeherrschung und Motivation üben, so auch bei unseren persönlichen Lebenszielen. Durch das Erreichen dieser Ziele sollten zum einen die drei menschlichen Grundbedürfnisse Autonomie, Kompetenz und Bezogenheit befriedigt werden, und zum anderen sollten Ihre Lebensziele nach einer Selbstreflexion Ihren eigenen Fähigkeiten entsprechen und Ihnen ermöglichen, Ihr volles Potential zu entfalten. Wenn Sie Ihr persönliches Ziel gefunden haben, sollten Sie dieses so klar und so genau wie nur möglich benennen.

§ 8 Das Bild Ihrer Selbst

In den Lebenszielen, die Sie sich selbst gesteckt haben, spiegelt sich das geistige Bild Ihrer Selbst. Auf diese Weise wird es genau dieses geistige Bild Ihrer Selbst sein, dessen Form Sie im Laufe der Zeit tatsächlich annehmen werden.

§ 9 Die Intuition

Auch Sie verfügen in bestimmten Angelegenheiten, in denen Sie besonders geübt sind, über eine gute Intuition. Die eigene Intuition wird dadurch geschult, dass ständig neue Erfahrungen gesammelt werden und dabei aus dem gewohnten und vertrauten Umfeld ausgebrochen wird.

§ 10 Das Prinzip des Wachstums

Auch Ihre Gedanken unterliegen geradezu hilflos dem natürlichen Prinzip des stetigen Wachstums. Das Gehirn hört nicht auf, zu wachsen, und somit hat es der Benutzer eines jeden Gehirns selbst in der Hand, zu entscheiden, in welche Richtung er wachsen möchte.

Mit den grundlegenden Prinzipien der Wissenschaft der Gedankenführung sind Sie nun vertraut. Im zweiten Band der Wissenschaft der Gedankenführung werden diese Erkenntnisse noch einmal aufgegriffen und vertieft.

Der zweite Band wird sich vertieft mit dem Thema „Intelligenz" beschäftigen. Heutzutage entscheiden standardisierte Intelligenztests über die schulische, die akademische und die berufliche Zukunft von Abermillionen Menschen in sehr vielen Ländern. Sie entscheiden über die Aufnahme in spezielle Schulprogramme für Hochbegabte, über die Vergabe von Stipendien an Hochschulen, über die Einstellung in ein Unternehmen oder über die zielgerichtete Verwendung eines Rekruten beim Militär. Die Intelligenz charakterisiert einen Menschen wie kaum ein anderes Persönlichkeitsmerkmal. Gehen Sie gemeinsam mit der Wissenschaft der Gedankenführung der kognitiven Leistungsfähigkeit des Menschen auf den Grund. Lässt sich Ihre Intelligenz verbessern und das vielleicht auch noch in einem fortgeschrittenen Alter?

Zitate

Kapitel 9

Zitate

Die abschließende Sammlung von Zitaten berühmter und anerkannter Persönlichkeiten der Geschichte zeigt noch einmal sehr deutlich, dass die grundlegenden Gedanken der „Wissenschaft der Gedankenführung" bei weitem nicht neu sind:

George Bernardo:
„Ein Gedanke, der nicht zu einer Handlung führt, ist nicht viel, und eine Handlung, die nicht von einem Gedanken ausgeht, ist überhaupt nichts."

Buddha:
„Alles was wir sind, ist das Ergebnis dessen, was wir zuvor gedacht haben. Der Geist ist alles. Was wir denken, das werden wir sein."

William Ellery Channing:
„Alles, was der Mensch äußerlich ist, ist doch Ausdruck und Vollendung seines innerlichen Denkens. Um effektiv zu arbeiten, muss er klar denken. Um edel zu handeln, muss er edel denken."

Winston Churchhill:
„In Laufe des Lebens erschafft man sich sein eigenes Universum."

Francois-Urbain Domergue:
„Einige Menschen studieren ihr ganzes Leben, und bei ihrem Tod haben sie alles gelernt, außer zu denken."

Die Wissenschaft der Gedankenführung
Band 1 Grundlagen

Marie von Ebner-Eschenbach:
„Wenn es einen Glauben gibt, der Berge versetzen kann, so ist es der Glaube an die eigene Kraft."

Albert Einstein:
„Ich glaube nicht an einen persönlichen Gott und ich habe dies niemals geleugnet, sondern habe es deutlich ausgesprochen. Falls es in mir etwas gibt, das man religiös nennen könnte, so ist es eine unbegrenzte Bewunderung der Struktur der Welt, so weit sie unsere Wissenschaft enthüllen kann."

Ralph Waldo Emerson:
„Der Schlüssel zu jedem Menschen ist sein Denken. Mit kräftigem und herausforderndem Denken sieht er aus, als hätte er ein Ruder in der Hand, dem er gehorcht und das ihm die Richtung zeigt, wonach alle seine Tatsachen eingestuft werden. Er kann nur reformiert werden, indem ihm eine neue Idee gezeigt wird, die seine eigenen beherrscht."

Johann Wolfgang von Goethe:
„Alle aufrichtig weisen Gedanken sind bereits tausende Male gedacht worden, aber um sie uns wirklich zu Eigen zu machen, müssen wir sie immer wieder ehrlich denken, bis sie in unserem persönlichen Ausdruck Wurzel schlagen."

Oliver Goldsmith:
„Du kannst mit deinem Leben ein besseres Bekenntnis ablegen als mit deinen Lippen."

Die Wissenschaft der Gedankenführung
Band 1 Grundlagen

Oliver Wendell Holmes:
„Der menschliche Geist kehrt, wenn er von einer neuen Idee gefordert wurde, nie zu seiner Ausgangsposition zurück."

Konfuzius:
„Fordere viel von dir selbst und erwarte wenig von anderen. So bleibt dir mancher Ärger erspart."

Arthur Schopenhauer:
„Wir können Denker aufteilen in die, die selbst denken und in die, die durch andere denken. Die Letzteren sind die Regel und die Ersteren die Ausnahme. Die Ersten sind schöpferische Denker in doppeltem Sinne und Egoisten in der edelsten Bedeutung des Wortes."

Seneca:
„Wer den Hafen nicht kennt, für den ist kein Wind ein günstiger."

George Bernhard Shaw:
„Ein ungeübtes Gehirn ist schädlicher als ein ungeübter Körper."

J. W. Teal:
„Es ist das gewohnheitsmäßige Denken, das sich selbst in unser Leben wühlt. Es beeinflusst uns sogar mehr als unsere vertrauten sozialen Beziehungen. Unsere vertrauenswürdigen Freunde haben nicht so viel mit der Gestaltung unseres Lebens zu tun, wie die Gedanken, die wir beherbergen."

Mein Name ist Felix Brocker.

Ich wurde 1982 in Viersen am linken Niederrhein geboren und begann nach dem Erwerb des Abiturs das Studium der Rechtswissenschaften an der Ruhr-Universität Bochum und an der Johannes Gutenberg Universität in Mainz mit dem Schwerpunkt Kultur- und Medienrecht. Während meiner Ausbildungszeit absolvierte ich diverse Praktika, so in der Pressestelle des Landtags Rheinland-Pfalz, beim Ministerium des Innern und für Sport des Landes Rheinland-Pfalz, beim Landeskriminalamt, im Polizeipräsidium Mainz und in einer Anwaltskanzlei.

Bereits während meiner Studienzeit habe ich mich ausgiebig mit dem menschlichen Denken und seinen Auswirkungen beschäftigt. Dies führte mich unweigerlich auch zu den grundlegenden Fragen des Lebens. Wer oder was hat das Universum erschaffen und was ist der Sinn des eigenen Lebens?

Meine populärwissenschaftliche Buchreihe *"Die Wissenschaft der Gedankenführung"* regt ihren Leser auf eine spannende Weise dazu an, sich der Kraft seiner Gedanken bewusst zu werden.

Ich glaube, dass die Erkenntnisse über die Kraft der Gedanken nicht nur für mich, sondern auch für jeden einzelnen Leser von unschätzbarem Wert sind.

Ich wünsche all meinen Lesern eine spannende und aufschlussreiche Lektüre,

Felix Brocker

Printed in Great Britain
by Amazon